essentials

Springer Essentials sind innovative Bücher, die das Wissen von Springer DE in kompaktester Form anhand kleiner, komprimierter Wissensbausteine zur Darstellung bringen. Damit sind sie besonders für die Nutzung auf modernen Tablet-PCs und eBook-Readern geeignet. In der Reihe erscheinen sowohl Originalarbeiten wie auch aktualisierte und hinsichtlich der Textmenge genauestens konzentrierte Bearbeitungen von Texten, die in maßgeblichen, allerdings auch wesentlich umfangreicheren Werken des Springer Verlags an anderer Stelle erscheinen. Die Leser bekommen „self-contained knowledge" in destillierter Form: Die Essenz dessen, worauf es als „State-of-the-Art" in der Praxis und/oder aktueller Fachdiskussion ankommt.

Sabine Elias-Linde

Personalknappheit als betriebswirtschaftliches Problem

Sabine Elias-Linde
Lehrstuhl für BWL, insbesondere
Nachhaltiges Management
Universität Bremen
Bremen, Deutschland

ISSN 2197-6708
ISBN 978-3-658-04089-5
DOI 10.1007/978-3-658-04090-1

e-ISSN 2197-6716
ISBN 978-3-658-04090-1 (eBook)

Die Deutsche Nationalbibliothek verzeichnet diese Publikation in der Deutschen Nationalbibliografie; detaillierte bibliografische Daten sind im Internet über http://dnb.d-nb.de abrufbar.

Springer Gabler

Gedruckt auf säurefreiem und chlorfrei gebleichtem Papier

Springer Gabler ist eine Marke von Springer DE. Springer DE ist Teil der Fachverlagsgruppe Springer Science+Business Media
www.springer-gabler.de

Vorwort

Seit einigen Jahren wird in Deutschland über einen drohenden oder bereits existierenden Fachkräftemangel diskutiert. Ausbildungsplatzbewerber, Pflegekräfte, Ingenieure und IT-Spezialisten werden knapp. Immer mehr Unternehmen haben aktuell Schwierigkeiten, passende Mitarbeiter für offene Stellen zu finden. Viele Arbeits- und Ausbildungsplätze werden trotz hoher Bewerberzahlen nicht besetzt, weil die Bewerber aus Sicht der Unternehmen nicht die passende Qualifikation und Motivation aufweisen. Die betriebswirtschaftlichen und volkswirtschaftlichen Auswirkungen von Personalknappheit erscheinen gravierend.

Dieser Themenband betrachtet das Thema Personalknappheit aus betriebswirtschaftlicher Sicht als Grundlage für mögliche unternehmerische Lösungen. Das Problem der Personalknappheit wird erklärt und beschrieben, mögliche Auswirkungen werden dargestellt. Studierende und Praktiker im Bereich der Human Resources gewinnen ein grundlegendes Problemverständnis des Fachkräftemangels.

Eine stärker wissenschaftliche Sicht auf das Problem der Personalknappheit – und auch auf mögliche betriebswirtschaftliche Lösungen – bietet die in der Springer Gabler-Reihe Research veröffentlichte Dissertation „Personalknappheit und nachhaltiges Humanressourcenmanagement – Analyse, Lösungsansätze und Gestaltungsmöglichkeiten" ISBN: 978-3-658-01089-8 (Print) 978-3-658-01090-4 (Online). Theoretische Konzepte und praktische Lösungsansätze für den Fachkräftemangel werden ausführlich dargestellt und bewertet.

Inhaltsverzeichnis

1 Einführung

Will man effiziente und nachhaltige Lösungen für Personalknappheit finden, muss man das Problem zunächst beschreiben und erklären. Folgende Fragen werden in den nächsten Abschnitten beantwortet:

- Was ist Knappheit aus ökonomischer Sicht?
- Von welchen Bedingungen wird Personalknappheit beeinflusst?
- Wie gestaltet sich der Fachkräftemangel in Deutschland konkret?
- Wir wirkt sich Personalknappheit auf Unternehmen, Mitarbeiter und Gesellschaft aus?

S. Elias-Linde, *Personalknappheit als betriebswirtschaftliches Problem*, essentials,
DOI 10.1007/978-3-658-04090-1_1, © Springer Fachmedien Wiesbaden 2014

2 Personalknappheit als ökonomischer Begriff

Das Wort „knapp" bedeutet laut Duden „gerade noch ausreichend, fast zu gering". Ökonomisch betrachtet bezeichnet Knappheit die Tatsache, dass nicht alle Güter in so ausreichendem Umfang bereit stehen, dass damit sämtliche menschliche Bedürfnisse befriedigt werden können. Das Güterangebot ist begrenzt, also kann nur ein Teil der grundsätzlich unbegrenzten Bedürfnisse des Menschen erfüllt werden. Knappheit bewegt sich im Spannungsfeld zwischen Bedürfnissen und Gütern. Sie bezeichnet eine Relation:

$$\text{Knappheit} = \frac{\text{(hohes) Bedürfnis nach einem Gut}}{\text{(geringe/s) Verfügbarkeit/Angebot des Gutes}}$$

Die Knappheit zwingt die Individuen dazu, eine Wahl zu treffen. Knappheit ist damit als Ursache des Wirtschaftens, als Grund aller ökonomischen Wahlhandlungen zu betrachten. Die Knappheit der Güter ist ein wirtschaftliches Grundproblem und damit ein zentrales ökonomisches Phänomen. Das Knappheitsproblem lässt sich unterteilen in

1. **Knappheit der produzierten Güter**, um die grundsätzlich unbegrenzten menschlichen Bedürfnisse zu befriedigen, d. h. die Knappheit, die daraus entsteht, dass sehr viele Individuen in einer Volkswirtschaft ihre unterschiedlichen Bedürfnisse mit einer Kombination der knappen Güter befriedigen wollen. Aus dem Zusammentreffen von Angebot und Nachfrage auf einem Markt ergibt sich in der Regel ein Gleichgewichtspreis für das Gut, der als Maß für die Knappheit des Gutes interpretiert werden kann. Je höher der Preis, desto knapper ist dann das Gut.
2. **Knappheit der Ressourcen**, die zur Produktion von Gütern benötigt werden, d. h. die Verwendungskonkurrenz um die knappen volkswirtschaftlichen Pro-

S. Elias-Linde, *Personalknappheit als betriebswirtschaftliches Problem*, essentials, DOI 10.1007/978-3-658-04090-1_2, © Springer Fachmedien Wiesbaden 2014

duktionsfaktoren Arbeit, Boden und Kapital. Wenn kein Bedarf besteht, ist auch eine seltene Ressource nicht knapp (Paffenholz 2006, S. 10 ff).

Handelbare Ressourcen sind nach herkömmlicher ökonomischer Sichtweise dann relativ knapp, wenn sie zu einem bestimmten Zeitpunkt stärker nachgefragt werden, als sie in der gewünschten Menge auf Märkten erhältlich sind. Knappheit am Arbeitsmarkt wird für Unternehmen dann spürbar, wenn die vom Unternehmen nachgefragte Arbeitskräftemenge die angebotene Menge am Arbeitsmarkt zu einem bestimmten Zeitpunkt übersteigt und so nicht genügend Arbeitskräfte zur Verfügung stehen, die als Personal im Unternehmen eingesetzt werden können.

Relative Personalknappheit kann sich für ein Unternehmen darin äußern, dass es trotz hoher Arbeitslosenquote aus verschiedenen Gründen länger dauert, bis bestimmte Stellen besetzt werden können, für bestimmte Qualifikationen ungewöhnlich hohe Arbeitsentgelte gezahlt werden müssen oder Abstriche bei der Qualifikation der Bewerber gemacht werden müssen. Knapp werden für Unternehmen Mitarbeiter mit den richtigen Qualifikationen, passenden Einstellungen und adäquaten Werthaltungen. Erfahrungsgemäß steigt die relative Knappheit von Arbeitskräften mit deren Qualifikation (Drumm 2008, S. 197). Erwerbsökonomisch betrachtet sind bei relativer Personalknappheit steigende Gehälter zu erwarten. Steigt das Arbeitsentgelt, ist mittelfristig mit einem Anstieg der angeboten Menge zu rechnen, z. B. indem Arbeitnehmer gefragte Qualifikationen erwerben und sich dadurch die nachgefragte Menge wieder reduziert.

$$\text{Relative Perosonalknappheit} = \frac{\text{(hoher) Personalbedarf}}{\text{(geringe/s) Arbeitskräfteverfügbarkeit/-angebot}}$$

Das Nachhaltige Ressourcenmanagement erweitert diese klassische Sichtweise von Personal um den Humanressourcenbegriff. Der einzelne Mensch wird dann nicht mehr nur als Produktionsfaktor betrachtet, der sich relativ problemlos auf dem Arbeitsmarkt „kaufen“ lässt und den es effizient zu nutzen gilt. Mitarbeiter werden als Humanressourcenreservoir gesehen, als latente, flexible unternehmensinterne Summe von Handlungsmöglichkeiten.

Absolute Personalknappheit kann dann für ein einzelnes Unternehmen so definiert werden, dass zu einem bestimmten Zeitpunkt an einem bestimmten Ort benötigtes Personal gar nicht in der erforderlichen Qualität und Quantität verfügbar ist und auf längere Sicht auch nicht beschaffbar sein wird. Für eine bestimmte Art von Humanressourcen gibt es dann keinen Arbeitsmarkt (vgl. Müller-Christ 2002, S. 33). Die Stelle kann vom Unternehmen nicht besetzt, der Personalgewinnungsprozess muss beendet werden. Für diese Humanressourcen hat der Arbeitsmarkt seine Funktion als ausgleichender Mittler zwischen Angebot und Nachfrage verloren. Dies ist insbesondere dann der Fall, wenn Humanressourcen immobil und daher nur beschränkt transferierbar sind, z. B. wegen ihrer engen Verflechtung mit dem Unternehmen. Für immobile Humanressourcen existiert somit entweder überhaupt kein Markt oder er erweist sich als sehr unvollkommen. Beispielsweise führen hochspezialisierte technologische Entwicklungen dazu, dass auf dem Arbeitsmarkt keine Arbeitskräfte zur Verfügung stehen, die die damit verbundenen Aufgaben direkt übernehmen können oder wollen. Unternehmen, die nicht selbst über diese Art von Humanressourcen verfügen, können sie auch nicht auf externen Teilarbeitsmärkten beschaffen, sondern müssen sie selbst entwickeln.

$$\text{Absolute Personalknappheit} = \frac{\text{Personal-/Humanressourcenbedarf}}{\text{kein/e Arbeitskräfteverfügbarkeit/-angebot}}$$

Das logische Gegenteil von Personalknappheit ist eine Personalüberausstattung, d. h. eine Versorgung des Unternehmens mit Personal über den tatsächlichen Bedarf hinaus.

Dimensionen und Bedingungen von Personalknappheit

3

Um das komplexe Problem der Personalknappheit greifbarer und verständlicher zu machen, ist eine ganzheitliche Betrachtung in den Dimensionen **qualitativ, quantitativ, zeitlich** und **räumlich** sinnvoll (vgl. Kropp 1997, S. 857; vgl. Hentze und Kammel 2001, S. 189).

- **Qualitative** Personalknappheit bedeutet, dass die Leistungsfähigkeit und/oder Leistungsbereitschaft der verfügbaren Arbeitskräfte nicht den qualitativen Arbeitsanforderungen des Unternehmens entspricht.
- **Quantitative** Personalknappheit (Menge) besteht aus Sicht des Unternehmens, wenn die Anzahl der verfügbaren Arbeitskräfte nicht der vom Unternehmen nachgefragten Anzahl entspricht.
- In der **zeitlichen** Dimension (Zeitpunkt und Dauer) kann sich Personalknappheit auf unterschiedliche Zeiteinheiten beziehen, z. B. auf den Tag, die Woche, den Monat oder das Jahr. Sie kann dauerhaft oder zeitlich begrenzt auftreten.
- **Räumlich** (Ort) kann Personalknappheit in bestimmten Unternehmensteilen oder geografischen Einheiten auftreten, z. B. in einer Abteilung, an einem Standort oder im gesamten Unternehmen.

Außerdem wird die Personalknappheit im Unternehmen von zahlreichen Bedingungen beeinflusst. Um diese zu systematisieren, werden die personalwirtschaftlichen Bedingungen nach Kossbiel (2002, S. 474 ff.) auf das Problem der Personalknappheit übertragen:

- **Externe** und **interne Bedingungen**: Angebot und Nachfrage auf einem für das Unternehmen relevanten Teilarbeitsmarkt gehören zu den externen Bedingungen, die auf die Personalknappheit einwirken. Die Altersstruktur im Unternehmen zählt zu den internen Bedingungen. Sie sind eher beeinflussbar, aber auch externe Bedingungen können dem Einfluss unternehmerischer Entscheidungen

S. Elias-Linde, *Personalknappheit als betriebswirtschaftliches Problem*, essentials,
DOI 10.1007/978-3-658-04090-1_3, © Springer Fachmedien Wiesbaden 2014

unterliegen, bspw. indem ein relevanter Teilarbeitsmarkt gezielt durch Personalmarketingaktivitäten beeinflusst und dadurch das Arbeitskräfteangebot erhöht wird.

- **Kontextuelle** und **situative Bedingungen**: Das Bildungssystem, die Arbeitsmarktstruktur, die Organisations- und die Sozialstruktur in einem Unternehmen bilden relativ überdauernde Kontextbedingungen, während die jeweiligen Knappheitsverhältnisse auf dem Arbeitsmarkt, die akuten Bedürfnisse, Meinungen und Stimmungen der Mitarbeiter relativ „flüchtige" Situationsbedingungen darstellen.
- **Faktische** und **normative Bedingungen**: Zu den faktischen Bedingungen gehören die Region und die Branche des Unternehmens, das Angebot auf dem Arbeitsmarkt oder die Qualifikationsstruktur im Unternehmen. Verpflichtungen wie die, keine Mitarbeiter zu entlassen oder frei werdende Stellen nur intern zu besetzen, stellen normative Bedingungen dar.
- **Generelle** und **spezielle Bedingungen**: Unter den generellen Rahmenbedingungen personalwirtschaftlichen Handelns spielen neben technologischen, gesamtwirtschaftlichen, gesellschaftlich-kulturellen und politisch-rechtlichen Gegebenheiten vor allem die demografische Entwicklung und die Entwicklung der Zuwanderungen/Abwanderungen eine wichtige Rolle. Spezielle Bedingungen betreffen das einzelne Unternehmen, z. B. betriebsspezifische rechtliche Vereinbarungen wie Arbeitszeitregelungen, Auswahlrichtlinien und Entgeltvereinbarungen.
- Personalwirtschaftliche Entscheidungen können auf **beeinflussbare** Bedingungen einwirken, indem sie sie beseitigen, abschwächen, schaffen oder verstärken. **Nicht beeinflussbare Bedingungen** können zumindest in ihren Folgen antizipativ verarbeitet werden, sofern die Bedingungen und ihr Einfluss auf Grund von Erfahrungen oder begründeten Vermutungen prognostiziert werden können.

Die Frage, ob Personal für ein Unternehmen tatsächlich knapp ist, kann nur empirisch beantwortet werden. Jedes Unternehmen unterliegt spezifischen Knappheitsbedingungen in den vier Dimensionen.

Beschreibung der Knappheitssituation 4

Um überhaupt bestimmen zu können, wie knapp personelle Ressourcen für Unternehmen sind oder sein werden, ist es zunächst einmal notwendig, das verfügbare statistische Material zu sichten und zu bewerten. In diesem Beitrag geschieht dies exemplarisch für die Bundesrepublik Deutschland.

4.1 Gesamtwirtschaftliche Arbeitskräfteknappheit in Deutschland

Betrachtet man zunächst mengenmäßig das Gesamtangebot am Arbeitsmarkt in Deutschland als einen der externen faktischen Faktoren der Personalausstattung standen in den Jahren nach dem Zweiten Weltkrieg Millionen von Vertriebenen und Flüchtlingen als Arbeitskräfte zu Verfügung. Zudem setzte der Strukturwandel in der Landwirtschaft, dem Bergbau und der Textilindustrie Erwerbstätige frei, sodass genügend Arbeitskräfte für das rasche Wirtschaftswachstum zur Verfügung standen. Ende der 1960er Jahre zeigte sich, dass der Nachwuchs aus der einheimischen Bevölkerung nicht ausreichte, um den Personalbedarf der Wirtschaft zu decken. 1970 gab es in Deutschland im Jahresdurchschnitt rund 150.000 Arbeitslose, aber 800.000 offene Stellen. Bis in die 1970er Jahre herrschte in Deutschland bei Arbeitslosenquoten von unter 3 % relative Personalknappheit Eine Konsequenz daraus war die Aktivierung der so genannten Arbeitsmarktreserven, indem verstärkt um Frauen und ausländische Arbeitskräfte geworben wurde. 1955 kamen die ersten Gastarbeiter nach Deutschland, die aufgrund zwischenstaatlicher Abkommen offiziell angeworben wurden.

1974/1975 erlebte die Bundesrepublik Deutschland die bis dahin größte Rezession seit Ende des 2. Weltkriegs. Es begann ein Strukturwandel von der Schwerindustrie als Schlüsseltechnologie industrieller Produktion hin zur Informationstechnologie einer aufkommenden Dienstleistungsgesellschaft. 1982 standen

S. Elias-Linde, *Personalknappheit als betriebswirtschaftliches Problem*, essentials,
DOI 10.1007/978-3-658-04090-1_4, © Springer Fachmedien Wiesbaden 2014

1,8 Mio. Arbeitslosen ca. 105.000 offene Stellen gegenüber (Oechsler 2004, S. 88; Stingl 1983, S. 55 f.).

In den 1980er Jahren verbesserte sich die Arbeitsmarktsituation, zunächst sehr langsam, gegen Ende jedoch deutlich. In der zweiten Hälfte der achtziger Jahre ging der Abbau der Arbeitslosigkeit mit einem deutlichen Beschäftigungsaufbau einher. Zwischen 1983 und 1990 nahm die Zahl der Erwerbstätigen um 3,2 Mio. zu. Die Beschäftigung erreichte 1990 ein um 3,5 Mio. höheres Niveau als zu Beginn der siebziger Jahre. Im Zeitraum 1970 bis 1990 wuchs das Arbeitskräfteangebot durch die höhere Erwerbsbeteiligung verheirateter Frauen und die Zuwanderung von Migranten um über 6,6 Mio. Personen, so dass trotz des Beschäftigungsanstiegs in Westdeutschland 1990 immer noch 1,9 Mio. Personen arbeitslos gemeldet waren. Einschließlich der Stillen Reserve[1] fehlten 3,2 Mio. Arbeitsplätze. Der durch die Wiedervereinigung ausgelöste Boom Anfang der neunziger Jahre drückte die Arbeitslosigkeit wieder auf einen Wert von gut 6 %. Ab der Jahrtausendwende stieg die Gesamtarbeitslosenquote in Deutschland wieder. Seit 2005 sinkt die Zahl der Arbeitslosen – mit Ausnahme eines Anstiegs im Jahr 2009. 2011 betrug die Erwerbslosenquote im Jahresdurchschnitt erstmals unter 3 Mio. und lag im Jahr 2012 bei 6,8 % (HWWI 2011, S. 1; Walwei et al. 2006, S. 4, Statistisches Bundesamt 2013).

Seit den 1990er Jahren hat die Zahl der Erwerbspersonen in Deutschland weiter zugenommen. 2012 wurde mit 43,9 Mio. Erwerbspersonen bei einer Erwerbsquote von 53,5 % der Gesamtbevölkerung ein neuer Höchststand erreicht. Damit ist gut die Hälfte der (in- und ausländischen) Wohnbevölkerung erwerbstätig oder sucht eine Erwerbsarbeit. Die andere Hälfte der Bevölkerung zählt zu den Nichterwerbspersonen. Dies sind Kinder und Jugendliche, die noch vor der Erwerbsphase stehen, sowie ältere Menschen, die ihre Erwerbstätigkeit beendet haben. In der Gruppe der Bevölkerung im erwerbsfähigen Alter zählen zu den Nichterwerbspersonen insbesondere Hausfrauen und -männer, die zwar Arbeit leisten, nämlich gesellschaftlich notwendige Haus- und Erziehungsarbeit (Reproduktionsarbeit), diese Arbeit aber unbezahlt erbringen. Die folgende Abbildung zeigt die Entwicklung der letzten 20 Jahre (Abb. 4.1).

Es wird prognostiziert, dass ab 2020 die Zahl der Erwerbspersonen stark zurückgehen und im Jahr 2030 noch etwa 42 Mio. betragen wird. Die Arbeitsmarktprojektion für Gesamtdeutschland geht davon aus, dass sich die Arbeitslosenquote langfristig beinahe halbieren wird. Diese Prognosen, die das generelle Angebot an

[1] Die sog. „Stille Reserve“ sind Personen, die auf eine Registrierung als Arbeitslose verzichten, z. B. weil sie die Arbeitssuche aufgegeben haben oder erst bei guter Arbeitsmarktlage die Suche beginnen würden (Oechsler 2006, S. 212).

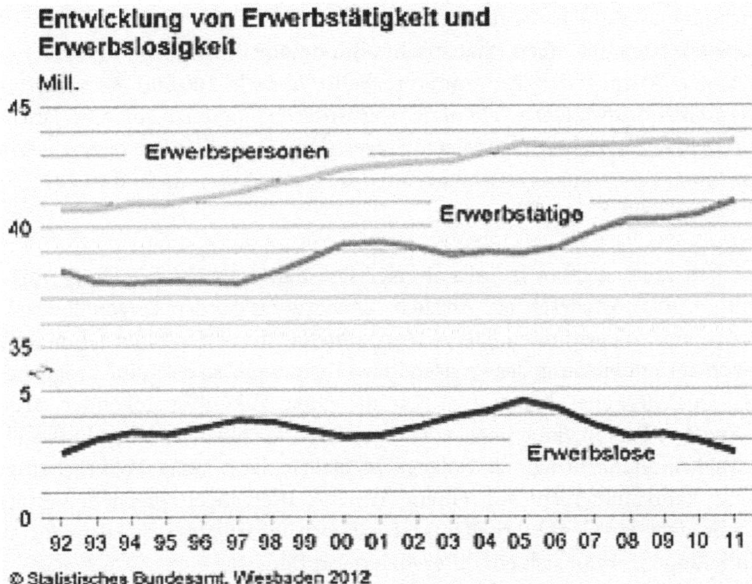

Abb. 4.1 Erwerbspersonen, Erwerbstätigkeit und Erwerbslosigkeit in Deutschland 1992–2011. (Statistisches Bundesamt 2012)

Arbeitskräften als eine wichtige externe Bedingung für das Ausmaß der Personalknappheit in den Unternehmen betreffen, sind allerdings u. a. abhängig

- vom **Zeitpunkt des Berufseintritts**. Ein später Berufseintritt aufgrund langer Ausbildungszeiten verringert insgesamt die Anzahl der Erwerbspersonen.
- vom **Renteneintrittsalter**. Während für die 2014 aus dem Erwerbsleben ausscheidenden Jahrgänge noch ein nahezu vollständiger Ersatz durch nachrückende jungen Arbeitskräfte möglich sein wird, liegt diese Ersatzquote für die Renteneintrittsjahre 2015 bis 2025 bei nur noch ca. 77 % und für die Jahre 2026 bis 2036 bei ca. 55 %, vorausgesetzt die älteren Arbeitnehmer scheiden mit Erreichen des Renteneintrittsalters aus dem Erwerbsleben aus (Rump und Eilers 2011, S. 10).
- von der **Erwerbsneigung**. So ist beispielsweise die Frauenerwerbsquote aufgrund einer besseren Ausbildung, in den letzten Jahren deutlich gestiegen (Bingel 2010, S. 29). Im Jahr 2010 wünschten sich rund 8,4 Mio. Menschen im Alter von 15 bis 74 Jahren Arbeit oder mehr Arbeitsstunden. Im Vergleich zum Vorjahr sank ihre Zahl um 324.000 Personen (–3,7 %). Trotz der günstigen Ent-

wicklung am Arbeitsmarkt bleibt somit weiterhin ein erhebliches Potenzial an Arbeitskräften ungenutzt (Statistisches Bundesamt 2012).

- von der **Anzahl der Zuwanderer**. Falls jährlich 100.000 Personen nach Deutschland zuwandern, fällt das Erwerbspersonenpotenzial bis zum Jahr 2050 auf 33 Mio. Menschen, wandern hingegen doppelt so viele Personen zu, könnte das Erwerbspersonenpotenzial bei 36 Mio. liegen (Rump und Eilers 2011, S. 10; Oechsler 2006, S. 211 ff.).

Das Arbeitskräfteangebot insgesamt zeigt sich damit als flexible Größe, die nur schwer zu prognostizieren ist. Ähnlich schwierig ist es, den Personalbedarf der Unternehmen zu bestimmen. Die Arbeitskräftenachfrage der Unternehmen hängt stark von der Entwicklung des Wirtschaftswachstums ab, so dass eine Prognose mit großen Unsicherheiten behaftet ist. Ob aus einem zukünftig sinkenden Arbeitskräfteangebot Personalknappheit entsteht, hängt vor allem von der Entwicklung der Arbeitskräftenachfrage ab. Solange in Deutschland keine Vollbeschäftigung herrscht, kann man nicht von einem Arbeitskräftemangel sprechen. Betrachtet man aber nicht den Gesamtarbeitsmarkt, sondern Teilarbeitsmärkte nach formalen Qualifikationen, ergibt sich ein differenzierteres Bild.

Neben der Arbeitslosenquote ist ein Indikator für Personalknappheit die durchschnittliche Dauer vom Beginn der Personalsuche eines Unternehmens bis zur Entscheidung für einen neuen Mitarbeiter, die als Engpassanalyse von der Bundesagentur für Arbeit (BA) erstellt wird. So lag 2006 die durchschnittliche Besetzungszeit bei 49 Tagen, im Januar 2012 aber schon bei 68 Tagen über alle Berufsbereiche. Sie unterscheidet sich aber stark je nach Branche und Beruf (Bundesministerium für Arbeit und Soziales 11/2007, S. 3; Statistik der Bundesagentur für Arbeit, Engpassanalyse Januar 2012, S. 11). Im Jahr 2010 verzögerte sich am stärksten die Einstellung von Ärzten mit durchschnittlich 135 Tagen und Pflegekräften im Gesundheitswesen mit 71 Tagen (Rudzio 2010, S. 27). Die bei der Bundesagentur für Arbeit gemeldeten Stellen sind aber nur ein Teil des gesamtwirtschaftlichen Stellenangebots und daher nur eingeschränkt aussagekräftig.

4.2 Knappheitssituation auf Teilarbeitsmärkten

Aus der aktuellen Literatur lassen sich exemplarisch drei Arbeitsmarktsegmente herausgreifen, in denen das Arbeitsmarktpotenzial heute und/oder zukünftig als nicht ausreichend angesehen wird und für die statistische Daten vorliegen, nämlich Auszubildende, Hochschulabsolventen und Fachkräfte mit Berufserfahrung in den MINT-Fächern (Mathematik, Informatik, Naturwissenschaften und Technik). Diese drei Segmente werden in den folgenden Abschnitten näher betrachtet. Es werden Daten zur Verfügbarkeit von Auszubildenden, Hochschulabsolventen und Fachkräften in den Dimensionen quantitativ, qualitativ, zeitlich und räumlich dargestellt. Die vom Problem der Personalknappheit derzeit am stärksten betroffenen MINT-Berufsfelder Ingenieur und IT-Fachkraft (mit oder ohne Hochschulabschluss) werden detaillierter dargestellt.

4.2.1 Knappheit von Auszubildenden

Die Mehrheit der jugendlichen Schulabsolventen beginnt im Anschluss an die allgemein bildende Schule eine Berufsausbildung oder nimmt ein Studium auf. Anders als noch vor 30 Jahren bieten sich heute für Jugendliche ohne eine qualifizierte Berufsausbildung faktisch kaum noch Möglichkeiten, als „Jungarbeiter" dauerhaft angestellt zu werden (Müller-Kohlenberg et al. 2005, S. 23). Die Anzahl der Ausbildungsplatzbewerber hängt zum einen davon ab, wie viele Schüler die allgemeinbildenden Schulen verlassen, zum anderen davon, wie viele Schüler eine Berufsausbildung aufnehmen möchten.

Quantitativ betrachtet gab es im Jahr 2009 in Deutschland erstmals weniger als 900.000 Absolventen und Abgänger[2] von allgemein bildenden Schulen. Die Zahlen werden voraussichtlich weiter sinken, sodass ab 2018 weniger als 800.000 Schüler die allgemein bildenden Schulen verlassen (KMK 2011, S. 68). Die Schulstatistik zeigt zugleich, dass sich der relative Anteil der Abiturienten in Deutschland stark erhöht hat und immer mehr Schüler anstatt einer Berufsausbildung ein Studium aufnehmen. In den 1960er Jahren betrug die Abiturientenquote noch 6 % (Pietsch 1993, S. 49). In den 25 Jahren zwischen 1992 und 2007 stieg die Quote der Studienberechtigten an der gleichaltrigen Bevölkerung bundesweit von 30,7 % auf 43,5 % mit weiter steigender Tendenz. Entsprechend nimmt die Zahl der Schulabsolventen, die an Fachhochschulen und Universitäten ein Studium aufnehmen, weiter zu (KMK Mai 2007, S. 85; BMBF 2010, S. 5). **Zeitlich** betrachtet ist davon auszugehen, dass sich die Nachfrage nach Ausbildungsplätzen demografiebedingt vermindert, aber gleichzeitig das Ausbildungsplatzangebot weiter abnimmt. Das Nachfrage-

[2] Als **Absolventen** der allgemein bildenden Schulen werden diejenigen Schüler gezählt, die eine Schulart mit Abschluss verlassen haben, unabhängig davon, ob sie (zum Erwerb zusätzlicher Abschlussqualifikationen) an eine andere allgemein bildende Schulart wechseln. **Abgänger** der allgemein bildenden Schulen sind Schüler, die eine Schulart nach Vollendung der Vollzeitschulpflicht am Ende oder im Verlauf des Schuljahres ohne Abschluss verlassen haben und nicht auf eine andere allgemein bildende Schulart gewechselt haben (Kultusministerkonferenz November 2007, S. 15).

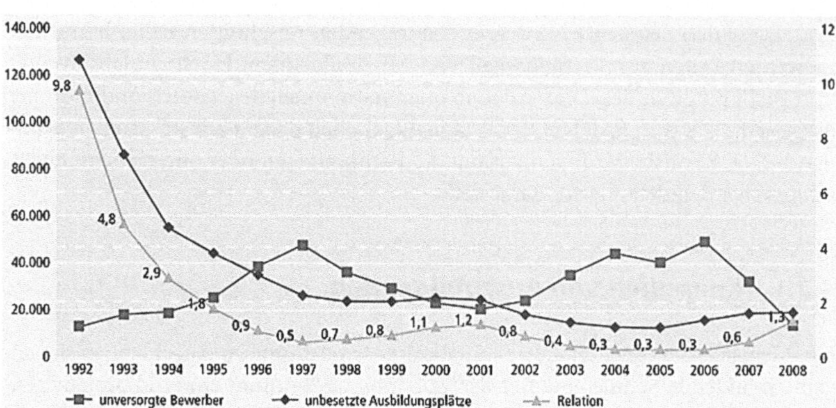

Abb. 4.2 Unversorgte Ausbildungsplatzbewerber, unbesetzte Ausbildungsplätze und Stellen-Bewerber-Relation von 1992–2008. (BIBB 2009)

potenzial liegt bundesweit trotzdem immer noch merklich über dem Angebotspotenzial, auch wenn sich beide Größen aufeinander zu bewegen. Die folgende Abbildung zeigt, dass die Anzahl der Ausbildungsplätze seit den 1990er Jahren tendenziell rückläufig ist (Abb. 4.2).

Erst seit 2006 sinkt ebenfalls die Anzahl der unversorgten Ausbildungsplatzbewerber. Zwar stieg insgesamt die Anzahl der nicht besetzten Ausbildungsplätze, die hohe Anzahl an nicht vermittelten Ausbildungsplatzbewerbern und sog. Altbewerbern aus früheren Schulentlassjahrgängen deutet aber darauf hin, dass zumindest derzeit nicht von einer generellen Knappheit an Ausbildungsplatzbewerbern gesprochen werden kann. Ende 2012 suchten noch rund 133.000 Schulabsolventen und -abgänger als bis dahin nicht vermittelte Altbewerber nach einer Ausbildungsstelle (BIBB 2013).

Für Unternehmen, die Schulabsolventen im dualen System ausbilden, ist relevant, inwieweit sie ihren konkreten Bedarf an Auszubildenden decken können. Aus Sicht der Unternehmen entsteht Knappheit an Schulabsolventen nur dann, wenn ihre Nachfrage das Angebot an qualifizierten Ausbildungsplatzbewerbern übersteigt. Aus der Entwicklung der rechnerischen Differenz zwischen gemeldeten noch unversorgten Bewerbern und gemeldeten und unbesetzten Ausbildungsstellen („Lücke“) lässt sich jedoch nicht unbedingt schließen, ob Ausbildungsplatzbewerber knapp werden. Die Geschäftsstatistik der BA deutet aber eher auf einen Bewerberüberhang am Ausbildungsmarkt hin. Die jüngere Vergangenheit zeigt, dass der Ausbildungsmarkt stark von der Entwicklung auf dem Arbeitsmarkt abhängig ist. Ob und in welchem Umfang ein Betrieb Lehrstellen anbietet, wird demnach im Wesentlichen von drei möglichen Motiven beeinflusst: Erträge durch die produktive Beschäftigung von Lehrlingen während der Ausbildungszeit, Erträge durch die Weiterbeschäftigung der eigenen Ausbildungsabsolventen sowie Imagevorteile durch Ausbildungsplatzangebote (Niederalt 2004).

Betrachtet man die **räumliche** Dimension des Ausbildungsmarktes, indem man die Zahl der gemeldeten betrieblichen Stellen auf die Zahl der gemeldeten Bewerber bezieht, zeigen sich starke regionale Unterschiede. Beispielsweise standen 2006 in 16 der 176 Regionen noch nicht einmal 30 betriebliche Stellen 100 Bewerbern gegenüber. In weiteren 58 Regionen waren es nur 30 bis unter 50 Stellen. Andererseits gibt es Regionen, in denen mehr betriebliche Lehrstellen als Bewerber registriert sind. Hier verspüren die Unternehmen bereits eine Knappheit an Ausbildungsbewerbern. Bei diesen Regionen mit einem rechnerischen Stellenüberhang handelt sich um Großstädte wie München, Stuttgart, Frankfurt/Main, Düsseldorf und Münster, in die auswärtige Ausbildungsplatzsuchende „einwandern". Die Zahl der betrieblichen Ausbildungsplatzangebote in den Regionen korreliert stark mit der allgemeinen Beschäftigungslage vor Ort. Der Umfang der Ausbildungsplatzangebote richtet sich im Wesentlichen nach dem konkreten Personalbedarf der Unternehmen. In Arbeitsagenturbezirken mit hoher Arbeitslosigkeit besteht in der Regel ein Überhang an Ausbildungsplatzbewerbern (Ulrich et al. 2006, S. 1 ff.; Bundesagentur für Arbeit 2010).

Betrachtet man die **qualitative** Dimension des Ausbildungsmarktes, bemängeln viele Unternehmen die Ausbildungsfähigkeit der Bewerber. Bereits in den 1960er Jahren klagte die Wirtschaft in Deutschland darüber, dass mindestens ein Viertel der Lehrlinge nicht richtig rechnen und schreiben könne und attestierte ihnen eine unzureichende Ausbildungsreife. Zudem sind die Anforderungen in der Arbeitswelt in den letzten Jahren rapide gestiegen. Eine Unternehmensbefragung des BIBB zeigte, dass die Betriebe eine Verbesserung der Ausbildungsreife für eine zentrale Maßnahme halten, um mehr Ausbildungsplätze zu schaffen (Ehrenthal et al. 2005, S. 1 ff.). Jugendliche, die als Schulabsolventen die Bildungsinstitutionen verlassen, sind grundsätzlich noch relativ unspezifisch ausgebildet. Qualitative Daten über die Schulabgänger und -absolventen liefern u. a. die in den Jahren 2000, 2003, 2006 und 2009 durchgeführten Erhebungen der PISA-Studie (Program for International Student Assessment), die in Deutschland große Aufmerksamkeit fand. PISA konzentriert sich auf zentrale und grundlegende Kompetenzen von Schülern, die für die individuellen Lern- und Lebenschancen sowie für die gesellschaftliche, politische und wirtschaftliche Weiterentwicklung der Teilnehmerländer bedeutsam sind. Bei der Lesekompetenz der 15-Jährigen liegt Deutschland lt. PISA-Studie 2009 mit 18,5 % der Jugendlichen auf oder unter der ersten Kompetenzstufe im Lesen ungefähr im OECD-Durchschnitt. Die mathematische Kompetenz liegt inzwischen über dem Durchschnitt. Insgesamt zeigt die PISA-Studie, dass bis zu 20 % der 15-Jährigen ihres Jahrgangs nicht über die grundlegenden Kompetenzen verfügen, die von den Unternehmen für eine qualifizierte Ausbildung vorausgesetzt werden. Die sog. Risikogruppe von Jugendlichen hat praktisch weder Chancen auf eine Ausbildung noch auf Teilhabe am Arbeitsmarkt (Baumert und Neubrand 2001; Wiarda 2010, S. 73).

Zur „Ausbildungsreife" werden von Fachleuten auch Arbeitstugenden gezählt, die für alle Ausbildungsberufe wichtig sind – gleich, ob es sich um eine besonders anspruchsvolle oder um eine weniger anspruchsvolle Ausbildung handelt. Konkret werden darunter Tugenden wie Zuverlässigkeit, die Bereitschaft zu lernen, die Bereitschaft, Leistung zu zeigen, Verantwortungsbewusstsein, Konzentrationsfähigkeit, Durchhaltevermögen, Sorgfalt, Rücksichtnahme, Höflichkeit, Toleranz, die Fähigkeit zur Selbstkritik, Konfliktfähigkeit, Anpassungsfähigkeit und die Bereitschaft, sich in die betriebliche Hierarchie einzuordnen, verstanden. Unternehmen bemängeln bei Ausbildungsplatzbewerbern vor allem Umgangsformen, Disziplin und Leistungsbereitschaft (Schmidt 2011, S. 36).

4.2.2 Knappheit von Hochschulabsolventen

Hochschulabsolventen als arbeitsmarktsegmentspezifische Gruppe haben für den Erwerb einer fachspezifischen Qualifikation ein (Erst-)Studium an einer Hochschule abgeschlossen und nehmen nach dem Studienabschluss zumeist eine Beschäftigung auf. Während Schulabsolventen noch relativ unspezifisch ausgebildet sind, können Hochschulabsolventen bereits über ein spezifisches Fachwissen verfügen. Die Absolventenquote – d. h. der Anteil der erfolgreich abschließenden Studierenden der Universitäten, Fachhochschulen und Berufsakademien zusammen an der gleichaltrigen Bevölkerung – hängt von der Entwicklung der Studienanfängerzahlen, der Verweildauer und dem Studienerfolg der Studierenden ab. **Zeitlich** betrachtet wird nach Prognosen der Kultusministerkonferenz die Zahl der Hochschulabsolventen insgesamt in den nächsten Jahren **quantitativ** weiter steigen. Obwohl die Anzahl der Hochschulabsolventen bereits in der Vergangenheit deutlich gestiegen ist, ist die Arbeitslosenquote von Akademikern über die Jahre hinweg relativ niedrig geblieben. Die spezifische Arbeitslosenquote für Akademiker lag in den vergangenen Jahren im Jahresdurchschnitt konstant zwischen 3 und 4 % und betrug damit nicht einmal die Hälfte des Wertes für die Gesamtbevölkerung. Bei Absolventen einer Berufsausbildung ist die Arbeitslosenquote von 1991 bis 2001 von sechs auf über acht Prozent gestiegen. In der Gruppe ohne Ausbildung liegt sie bei über zehn Prozent (Holzapfel 2005).

Legt man die Zahl der Stellen, die längere Zeit nach dem gewünschten Datum der Arbeitsaufnahme noch nicht besetzt waren, als Indikator für eine eventuelle Personalknappheit der Unternehmen zugrunde, so fällt der Wert dieser kritischen Vakanzzeit bei den akademischen Berufsgruppen sehr unterschiedlich aus. Mehr als 25 % der Stellen für Elektroingenieure, die der BA Mitte September 2006 gemeldet waren, waren zu diesem Zeitpunkt länger als sechs Monate vakant, bei den Ärzten waren es 17 %, bei den Sozialwissenschaftlern nur 3,7 %, bei der Gesamtheit der Stellen, die der BA gemeldet wurden, 16 %. Von einem Akademikermangel kann man also nur hinsichtlich einzelner Berufsgruppen sprechen. Laut einer BCG-Studie (2007) wird zwar eine Knappheit an Naturwissenschaftlern, Informatikern und Ingenieuren mit Hochschulabschluss erwartet, von denen die Großunternehmen aber noch wenig spüren. Juristen, Wirtschafts- und Sozialwissenschaftler werden hingegen als reichlich vorhanden eingeschätzt.

- Die Zahl der *Ingenieurabsolventen* ist entgegen der Entwicklung der Hochschulabsolventen insgesamt innerhalb zwischen 1995 und 2006 von 50.613 auf 39.129 gesunken (Statistisches Bundesamt 2008). Während insbesondere rechts-, sozial- und geisteswissenschaftliche Studienfächer einen deutlichen Aufschwung erfahren haben, ist der Anteil der Ingenieure an allen Absolventen kontinuierlich von 23,6 auf 15,4 % zurückgegangen. Die OECD errechnete im Jahr 2004, dass in Deutschland bereits weniger als ein jüngerer Ingenieur zur Verfügung stand, um einen älteren und folglich kurz- bis mittelfristig aus dem Erwerbsleben ausscheidenden Ingenieur zu ersetzen. Ab 2015 werden die Unternehmen voraussichtlich noch den demografiebedingten Ersatzbedarf, nicht jedoch ihren strukturwandel- und konjunkturbedingten Zusatzbedarf decken können (Institut der Deutschen Wirtschaft Köln 2008, S. 3 ff.).
- Im Bereich *Informatik* schlossen 15.400 Absolventen im Prüfungsjahr 2006 erfolgreich ihr Studium ab. Das waren 13 % mehr als 2005 und mehr als doppelt so viele wie im Prüfungsjahr 1997 (+ 117 %). Während die Absolventenzahlen in Informatik von 1997 bis 2002 zwischen 6.000 und 7.000 Abschlüssen schwankten, verzeichnete der Studienbereich seitdem zweistellige jährliche Zuwachsraten (Statistisches Bundesamt 2008). Im Boom-Jahr 2000 schrieben sich in Deutschland rund 38.000 Studenten für ein Informatikstudium ein, 2006 waren es nur noch knapp 28.500 (Handelsblatt Junge Karriere, 28.02.2008).
- In der Fächergruppe *Mathematik/Naturwissenschaften* bestanden im Jahr 2007 insgesamt 43.100 Absolventen ihr Examen. Das waren 9 % mehr als im Vorjahr und 19% mehr als 1997 (Statistisches Bundesamt 2008).

Insgesamt betrachtet ist die Anzahl der Hochschulabsolventen seit 2001 kontinuierlich gestiegen und wird nach einer Prognose der Kultusministerkonferenz weiter steigen (KMK Mai 2007, S. 25), so dass zumindest für die nächsten Jahre insgesamt keine Knappheit an Hochschulabsolventen in Deutschland zu erwarten ist.

Qualitativ betrachtet kann man davon ausgehen, dass deutsche Hochschulabsolventen insbesondere in den von Personalknappheit betroffenen Fächern Naturwissenschaft, Informatik und Ingenieurwissenschaften hochwertig ausgebildet wurden. Dies zeigt sich z. B. an der Einschätzung von Unternehmen (AmCham Germany 2007, S. 30) und auch daran, dass den meisten Hochschulabsolventen der Berufseinstieg gut gelingt. In der Regel finden die Hochschulabsolventen eine Beschäftigung, die ihrer Qualifikation entspricht. Nur drei Prozent der Fachhochschulabsolventen und fünf Prozent der Universitätsabsolventen mit Diplom, Magister oder Staatsexamen arbeiten unter ihrem Qualifikationsniveau (Rehn et al. 2011, S. 217). Darüber, inwieweit die Hochschulabsolventen über passende Werte, Einstellungen und Motive verfügen, fehlt es an statistischem Material.

In der **räumlichen** Dimension werden temporäre Engpässe meist durch Mobilität ausgeglichen, solange nicht alle Länder oder Regionen gleichermaßen betroffen sind. Die horizontale Mobilität beschreibt in der Soziologie die regionale Beweglichkeit (z. B. Pendler) oder Veränderung (z. B. Umzug) von Menschen. Es ist davon auszugehen, dass Hochschulabsolventen durchschnittlich regional mobiler sind als Auszubildende (vbw 2011, S. 79).

4.2.3 Knappheit von Ingenieuren

Im Jahr 2006 waren in Deutschland rund 640.000 Ingenieure beschäftigt. Gleichzeitig konnten laut Institut der Deutschen Wirtschaft (IW) 48.000 Stellen nicht besetzt werden. Im Durchschnitt des Jahres 2007 stand einer gesamtwirtschaftlichen Ingenieurnachfrage in Höhe von rund 94.400 offenen Ingenieurstellen ein gesamtwirtschaftliches Ingenieurangebot von nur noch knapp 25.600 arbeitslos gemeldeten Ingenieuren gegenüber. Im Vergleich zum Vorjahr wuchs die sogenannte Ingenieurlücke damit um etwa 44 % (IW 17.04.2008, S. 22). Bis 2014 sollen mehr als 200.000 Ingenieure fehlen (Handelsblatt 02.08.2010, S. 1). Ende 2011 erreichte der Ingenieurmangel ein Rekordhoch: Die Zahl der offenen Stellen stieg im Dezember auf 98.300, zugleich sank die Zahl der arbeitslosen Ingenieure weiter auf nun 18.273 Personen. Wegen des relativ hohen Durchschnittsalters der Ingenieure in Deutschland von derzeit 50 Jahren wird eine weiter steigende Ingenieurlücke prognostiziert. Regional ist vor allem Süddeutschland betroffen: In Baden-Württemberg und Bayern fehlten 2011 zusammen 35.000 Ingenieure. Nordrhein-Westfalen verzeichnete mit 14.300 fehlenden Ingenieuren in den letzten Jahren ebenfalls einen deutlichen Anstieg. Im Jahr 2010 verzögerten sich in Deutschland am dritthäufigsten Einstellungen in technisch-naturwissenschaftlichen Berufen mit 68 Tagen. Im April 2011 waren es für diese Berufe schon 70 Tage (Gantenbrink 2011, S. 72; Gillmann 2012, S. 13; Rudzio 2010, S. 27).

Die Unternehmen sehen die Knappheit an Ingenieuren laut einer Studie des Instituts der Deutschen Wirtschaft (2007, S. 27 ff.) primär als quantitatives Problem. Bewerberspezifische Defizite wie eine inadäquate Qualifikation oder fehlende regionale Mobilität werden nur sekundär genannt.

Die hohe Nachfrage im Ingenieurbereich bei gleichzeitig geringem Arbeitskräfteangebot spiegelt sich ebenso in der Lohnentwicklung wider. Laut repräsentativer Bevölkerungsstichprobe des Sozioökonomischen Panels lag das Bruttojahresgehalt eines vollzeiterwerbstätigen Ingenieurs inklusive variabler Gehaltskomponenten im Jahr 2006 um 26 % höher als das vergleichbare Durchschnittsgehalt anderer vollzeiterwerbstätiger Akademiker. Im Jahr 1996 hatte das entsprechende Lohndifferenzial lediglich 3,6 % betragen (IW 17.04.2008, S. 8). Knapp waren dabei aus Unternehmenssicht in den letzten Jahren vor allem junge männliche Ingenieure. Bei den Ingenieurinnen lag die Arbeitslosenquote 2007 mit 10 % mehr als doppelt so hoch wie bei den männlichen Ingenieuren. Hinzu kommen knapp 40.000 Ingenieurinnen, die nicht erwerbstätig oder in anderen Berufen beschäftigt sind (Fahrenbach 2008, S. 123). Im Ingenieurbereich kann man daher von einem Fachkräfteengpass sprechen, da sich für Unternehmen Stellenbesetzungen zumindest vorübergehend schwieriger als in der Vergangenheit gestalten. Mögliche Folgen sind meist längere Vakanzen oder Kompromisse bei der Stellenbesetzung. Absolute Personalknappheit im Ingeniuerbereich kann für einzelne Unternehmen dann eintreten, wenn offene Stellen dauerhaft nicht besetzt werden können.

4.2.4 IT-Fachkräftemangel

Mit dem Begriff „Fachkräftemangel" ist meist eine relative Knappheit an Facharbeitern (Gesellen, Meister, Techniker) und Akademikern bestimmter Fachrichtungen gemeint (meist Ingenieure, Informatiker, Betriebswirte, aber auch Experten aus anderen Fachgebieten). Unter dem Kunstwort MINT werden die Fächer Mathematik, Informatik, Naturwissenschaften und Technik zusammengefasst, für die sich ein bestehender oder zukünftiger Fachkräftemangel in Deutschland abzeichnet. Hochschulabsolventen verfügen in der Regel zunächst über wenig Berufserfahrung, Fachkräfte dagegen können auf Berufserfahrung nach ihrer Ausbildung zurückgreifen, die sie im Beschäftigungssystem erworben haben. Während die Humanressourcenzuflüsse aus den Bildungsinstitutionen in die Unternehmen noch vergleichsweise überschaubar sind, fließen dem Unternehmen Fachkräfte mit Berufserfahrung über den externen Arbeitsmarkt meist aus anderen Unternehmen oder aus der Nichterwerbstätigkeit z. B. wegen Arbeitslosigkeit, Fortbildung oder Familienphase, zu. Die Ressourcenquellen sind daher zahlreich. Außerdem stehen den Zuflüssen wiederum Ressourcenabflüsse u. a. in andere Unternehmen oder die Nichterwerbstätigkeit gegenüber.

Die rasche Entwicklung der Informationstechnologie, insbesondere der starke Zuwachs der Internet-Anwendungen und -Dienstleistungen, hat in den letzten Jahren zu einem starken Anstieg der Nachfrage nach IT-Fachkräften geführt. Berichte, wonach Unternehmen der Branche ihren Fachkräftebedarf nicht vollständig decken konnten, häuften sich in den letzten Jahren. Von über 50.000 arbeitslosen IT-Fachkräften im Januar 2006 ging die Arbeitslosigkeit auf unter 30.000 seit Januar 2008 zurück (BITKOM[3] 2008). Im Jahr 2011 waren lt. einer Branchenumfrage rund 29.000 Informatikerstellen in Deutschland unbesetzt, weit mehr, als die bei der Bundesagentur für Arbeit gemeldeten Stellen zeigen (BITKOM 2011; Abb. 4.3).

Ob und wie viele IT-Fachkräfte in Deutschland fehlen, ist schwer zu schätzen. Die von der Industrie im Jahr 2000 häufig genannte Zahl war das Fehlen von 75.000 Computerspezialisten in Deutschland. Im ifo Standpunkt No. 13 vom 04.07.2000 wurde hingegen eine Zahl von 50.000 fehlenden Spezialisten genannt. Keine der genannten Zahlen beruht auf nach wissenschaftlichen Kriterien nachprüfbaren Schätzverfahren. Die insgesamt hohe Nachfrage nach IT-Fachkräften spiegelt sich in steigenden Gehältern wider. Vor allem SAP- und IT-Berater profitierten und verdienten 2008 bereits als Berufseinsteiger mit bis zu zwei Jahren Erfahrung zwischen 38.000 und 48.000 € im Jahr (Handelsblatt Junge Karriere, 28.02.2008). Ob es tatsächlich zu einem Mangel an IT-Fachkräften kommen wird, ist fraglich. Die Unternehmen sehen die Knappheit an IT-Fachkräften laut einer Studie des Instituts der Deutschen Wirtschaft (2007, S. 27 ff.) hauptsächlich als quantitatives Problem, vor allem in zu niedrigen Ausbildungszahlen. Laut Statistischem Bundesamt hatten 2006 15.400 Absolventen ihr Informatikstudium abgeschlossen, das ist ein Zuwachs von 13 % gegenüber 2005 und 117 % gegenüber 1997. In der ersten Hälfte des vergangenen Jahrzehnts schwankten die Absolventenzahlen. Seit 2003 verzeichnet das Fach aber mit zweistelligen jährlichen Zuwachsraten die höchsten im Fachgebiet Mathematik/Naturwissenschaften.

Von Arbeitslosigkeit sind bei den IT-Berufen besonders Einsteiger und Ältere betroffen. Am Arbeitsmarkt werden vor allem gut qualifizierte, dabei aber zugleich erfahrene jüngere Fachleute gesucht. Die Unternehmen wollen die neuen Mitarbei-

[3] Bundesverband Informationswirtschaft, Telekommunikation und neue Medien.

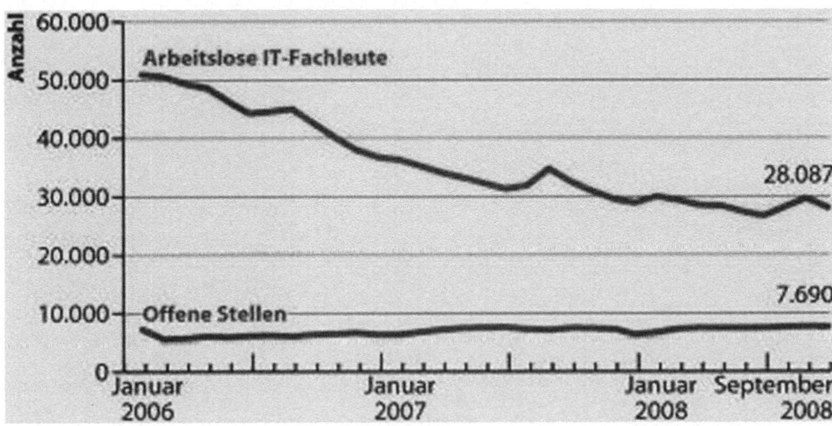

Abb. 4.3 Arbeitslose IT-Fachkräfte und offene Stellen 2006 bis 2008 lt. BA-Statistik. (BITKOM 2008)

ter möglichst sofort produktiv einsetzen, ohne lange Einarbeitungszeit. Es werden nicht IT-Fachkräfte allgemein gesucht, sondern Spezialisten, z. B. für bestimmte Programme, Datenbanken oder Systeme. Jüngere werden dabei gegenüber älteren Bewerbern bevorzugt, da sie sich aus Arbeitgebersicht besser in vorhandene Teams eingliedern lassen und wegen der tarifvertraglichen Altersabstufung meist ein geringeres Arbeitsentgelt beziehen sind als Ältere. Aus der Arbeitsmarkt- und Beschäftigtenstatistik der Bundesanstalt für Arbeit – in der allerdings die freiberuflichen und selbständigen Tätigkeiten nicht erfasst sind – geht hervor, dass in den IT-Berufen insgesamt von einer Verkürzung der Erwerbsphase auszugehen ist, deren Ursachen auf die hohen Belastungen von IT-Tätigkeiten und die in den IT-Unternehmen vorherrschende Praxis des Personalmanagements zurückgeführt werden können (Dostal 2004, S. 39 ff.; Rudzio 2011, S. 26). Dabei werden Ältere oft zu Unrecht als überbezahlt und unmotiviert benachteiligt. Mehrere Studien haben keinen Hinweis darauf gefunden, dass die Produktivität mit steigendem Alter abnimmt (Pennekamp 2010, S. 18).

5 Auswirkungen der Personalknappheit

In der unternehmerischen Realität bestehen zwischen individuellem, organisationalem und gesellschaftlichem Handeln vielfältige Beziehungen, Übereinstimmungen und wechselseitige Abhängigkeiten. Das Problem der Personalknappheit lässt sich entsprechend auf den drei Systemebenen Individuum, Unternehmen und Gesellschaft betrachten, zugleich passend zu den Ebenen der Nachhaltigkeit, und zwar in seinen ökonomischen und in seinen sozialen Wirkungen[1], um die es im Personalmanagement vor allem geht.

Personalknappheit wirkt außerdem in den verschiedenen Dimensionen quantitativ, qualitativ, zeitlich und/oder räumlich, die sich nur schwer voneinander abgrenzen lassen. Auch positive und negative Auswirkungen lassen sich oft nicht trennscharf unterscheiden. Beispielsweise ist Mehrarbeit im Unternehmen aufgrund von Personalknappheit in der Regel ein zeitlich begrenztes Phänomen, das räumlich meist nur bestimmte Unternehmensbereiche oder geografische Einheiten betrifft. Die Sicht der betroffenen Mitarbeiter auf Mehrarbeit kann positiv oder negativ sein, abhängig von den Bedürfnissen der Mitarbeiter, z. B. je nachdem, ob sie bezahlt wird und der Mitarbeiter die zusätzliche Entlohnung schätzt oder inwieweit er unter der längeren Arbeitszeit leidet. Es ist zu beachten, dass es sich bei den möglichen Auswirkungen der Personalknappheit oftmals nicht um eindeutige Ursache-Wirkungsbeziehungen handelt.

[1] Ökologische Wirkungen, die nach dem „Dreieck der Nachhaltigkeit" neben ökonomischen und sozialen Wirkungen die natürlichen und erneuerbaren Ressourcen in der Umwelt beeinflussen, entstehen durch Personalknappheit vermutlich indirekt, sind schwierig zu erfassen und werden daher hier nicht weiter betrachtet.

S. Elias-Linde, *Personalknappheit als betriebswirtschaftliches Problem*, essentials,
DOI 10.1007/978-3-658-04090-1_5,

5.1 Folgen für das Unternehmen

Personalknappheit wird im Personalmanagement von Unternehmen grundsätzlich negativ gesehen, weil sie die Erreichung des grundsätzlichen personalwirtschaftlichen Ziels erschwert oder unmöglich macht, rechtzeitig in ausreichendem Umfang Personal mit ausreichender Qualifikation am richtigen Ort zur Verfügung zu stellen. Ein großes Angebot an qualifizierten Arbeitskräften ist aus Sicht des Unternehmens als nahezu uneingeschränkt positiv zu betrachten, da das Personalverfügbarkeitsproblem gelöst erscheint, solange das Unternehmen nicht von den gesellschaftlichen Rückwirkungen hoher Arbeitslosigkeit betroffen ist. Aus Unternehmenssicht zeigt sich Knappheit u. a. in sinkenden Bewerberzahlen für bestimmte Stellen bei steigenden Gehaltsvorstellungen der Bewerber. Die Intensivierung der Personalsuche verringert zwar das Verfügbarkeitsproblem, erhöht aber die Personalbeschaffungskosten und verringert dadurch die Effizienz. Das Arbeitskräfteangebot schlägt sich in der Personalausstattung nieder. Erfolgreiche und wachsende Unternehmen haben tendenziell eine ausgewogene Altersstruktur, wenn es Ihnen gelingt, ausreichend jüngere Nachwuchskräfte zu gewinnen. Bei Unternehmen mit sinkender Mitarbeiterzahl dagegen steigt meist das Durchschnittsalter. Möglicherweise entstehen dadurch Motivationsprobleme, die Innovationskraft kann sinken und die Flexibilität abnehmen (Weber 1989, S. 13).

Zudem kann die zumindest temporäre Unterdeckung des Personalbedarfs zu Mehrbelastungen und Überforderung der vorhandenen Mitarbeiter führen, sodass Personalknappheit die Wirksamkeit der Personalausstattung des Unternehmens beeinträchtigt. Muss beispielsweise ein Arbeitsplatz mit einem weniger qualifizierten Mitarbeiter besetzt werden, ist er möglicherweise überfordert und erreicht nicht die geforderten Arbeitsergebnisse, sodass die mit seiner Einstellung beabsichtigten organisationalen Wirkungen nicht voll eintreten oder sogar ausbleiben. Überhöhte Fehlzeiten und Fehlleistungen von Mitarbeitern, mangelnde Kooperationsbereitschaft und soziale Konflikte zwischen den Mitarbeitern einer Abteilung können die Folgen von Personalknappheit sein. Mittelfristig entstehen Kosten durch gezielte Qualifikationsmaßnahmen für vorhandene Mitarbeiter, wenn externe Bewerber nicht in ausreichender Zahl vorhanden sind (IW 2007, S. 27 ff.). Interne Lösungen von Qualifikationsproblemen bedeuten, dass das Unternehmen nicht auf den äußeren Arbeitsmarkt bzw. auf externe Qualifikationsprozesse zurückgreift, sondern die benötigten Fähigkeiten und Kenntnisse durch die eigenen Mitarbeiter erworben werden. Möglich sind kurzfristige Verzögerungen bei der Auftragsbearbeitung oder das Ablehnen von Aufträgen, was das Unternehmenswachstum verlangsamen dürfte. Zugleich sind Lohnerhöhungen für besonders gefragte Tätigkeiten wahrscheinlich. Nur wenn sich die Produktivität erhöht, lässt sich bei gleichbleibender Personalausstattung der Output steigern. Eine Erhöhung der technischen Ergiebigkeit, z. B. die Erhöhung der Produktionsmengen, kann aber zu Lasten der sozialen Ergiebigkeit gehen, z. B. durch geringere Mitarbeiterzufriedenheit oder die Erhöhung

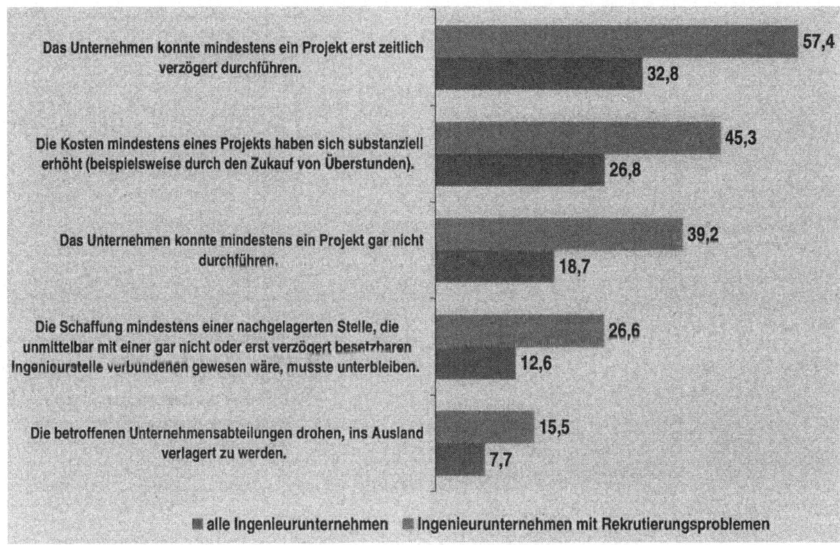

Abb. 5.1 Konsequenzen der Probleme bei der Gewinnung von Ingenieuren – Welche Probleme resultierten in Bezug auf Ihr Unternehmen aus den Problemen bei der Rekrutierung von Ingenieuren? „Trifft zu"-Antworten in Prozent, Ingenieurunternehmen, gewichtet. (Institut der deutschen Wirtschaft 2008, S. 22)

der Fluktuationsquote. Insgesamt verringert Personalknappheit in der Regel die Effizienz, vor allem in Unternehmen mit geringer Flexibilität der Personalausstattung.

Das Institut der deutschen Wirtschaft stellt in einer Studie die Auswirkungen von Personalknappheit am Beispiel des Ingenieurmangels dar. Demnach hat sich im Jahr 2007 in etwa jedem dritten Ingenieurunternehmen die Durchführung eines Projekts, z. B. eines Kundenauftrags, verzögert. Für knapp 27 % der Unternehmen waren mit den Ingenieurengpässen Kostensteigerungen – etwa im Produktionsbereich – verbunden. Kann ein Unternehmen bei guter Auftragslage die Anzahl an Ingenieuren in Folge einer fehlenden Arbeitsmarktverfügbarkeit nicht adäquat ausdehnen, wird meist die individuelle Arbeitszeit der bereits beschäftigten Ingenieure ausgedehnt, um die Personalunterdeckung auszugleichen. Dadurch können überproportionale Kosten entstehen, z. B. durch Überstundenzuschläge. Bei Erreichen der Obergrenze der Arbeitszeitflexibilisierung muss das Unternehmen jedoch zusätzliche Aufträge ablehnen. In Folge der Ingenieurlücke wurde in etwa jedem fünften Unternehmen unfreiwillig auf ein geplantes Projekt verzichtet. Unternehmen, die akute Probleme bei der Rekrutierung von Ingenieuren hatten, indem sie gar nicht oder nur verzögert einstellen konnten oder Abstriche bei der Qualifikation der eingestellten Mitarbeiter gemacht hatten, waren dabei in etwa doppelt so häufig von Projektverzögerungen und Kostensteigerungen betroffen (IW 2008, S. 22; Abb. 5.1).

Tab. 5.1 Auswirkungen von Personalknappheit auf Unternehmen (eigene Darstellung)

	Positive Auswirkungen	*Negative Auswirkungen*
Kurzfristig	Auslöser für Change-Prozesse im Unternehmen	Überstunden der vorhandenen Mitarbeiter führen evtl. zu zusätzlichen Kosten, Unzufriedenheit, Erhöhung der Fehler- und/oder Fehlzeitquote
		Einsatz von Zeitarbeitnehmern oder freien Mitarbeitern
		Evtl. geringere Produktivität
		Verzögerungen bei der Auftragsbearbeitung
Mittelfristig	Höhere Flexibilität durch Qualifikationsmaßnahmen für die vorhandenen Mitarbeiter	Erhöhte Kosten für Personalsuche
	Erhöhung der Diversität der Personalausstattung durch vermehrte Einstellung von z. B. weiblichen, älteren oder ausländischen Arbeitskräften	Steigende psychische und physische Belastungen für die Mitarbeiter
	Erhöhung der Anzahl an Teilzeitarbeitsplätzen	Kosten für Qualifikationsmaßnahmen vorhandener Mitarbeiter
	Flexibilisierung der Arbeitszeit	Evtl. Ablehnen von Aufträgen durch Kapazitätsengpässe
		Verschieben/Streichen von Investitionen
		Erhöhungen des Arbeitsentgelts
		Erhöhte Kosten für die Förderung und Erhaltung beruflicher Kompetenzen älterer Mitarbeiter
		Erschwerte Bindung von Mitarbeitern an das Unternehmen
Langfristig	Erhöhung der Flexibilität der Belegschaft	Evtl. geringeres Unternehmenswachstum
		Verlagerung von Arbeit in andere Regionen
		Steigendes Durchschnittsalter der Mitarbeiter kann sich evtl. negativ auswirken

Mittel- und langfristig positiv in Bezug auf die Wirksamkeit des Personals dürfte sich dagegen die Verbesserung der Qualifikation der vorhandenen Personalausstattung auswirken, die vorgenommen wird, weil die Anzahl der externen Bewerber nicht ausreicht. Dadurch erhöht sich die qualitative Flexibilität des Personals (Knörzer 2004, S. 92 f.).

Langfristig erlaubt es die unternehmerische Mobilität, in Regionen ohne oder mit geringerer Personalknappheit auszuweichen, wenn sich nicht nur Engpässe, sondern absolute Knappheiten einer bestimmten Ressource zeigen. Bereits 1969 schlug Bernasconi (S. 5 f.) als Strategie gegen den Personalmangel der schweizerischen Wirtschaft die Verlagerung von Produktion und Dienstleistungen ins Ausland vor. Die Unternehmensverlagerung bedeutet aber gleichzeitig zunächst einen Effizienzverlust, da der Umzug mit Kosten verbunden ist.

Die folgende Tabelle zeigt mögliche positive und negative Auswirkungen der Personalknappheit aus Unternehmenssicht (Tab. 5.1).

5.2 Individuelle Auswirkungen

Personalknappheit wirkt sich individuell sowohl auf den einzelnen Mitarbeiter im Unternehmen als auch auf Personen außerhalb des Unternehmens aus. Die folgende Tabelle zeigt mögliche kurz-, mittel- und langfristige Auswirkungen der Personalknappheit (Tab. 5.2).

Personalknappheit kann also ebenso auf individueller Ebene positiv wirken. Sofern allerdings nur die Arbeitsquantität für die Mitarbeiter im Unternehmen steigt, kann sich Personalknappheit negativ auswirken, wenn z. B. Mehrarbeit in Form von Überstunden unbezahlt bleibt, ungern erbracht wird oder belastet, z. B. wenn Freizeitmöglichkeiten, ehrenamtliche Tätigkeiten oder die Familie darunter leiden. Durch steigenden Arbeitsdruck oder zu wenig Zeit zur Erholung kann es zur Überlastung der Mitarbeiter kommen. Evtl. steigen die Fehlzeiten aufgrund von physischen und psychischen Krankheiten.

Tab. 5.2 Individuelle Auswirkungen von Personalknappheit (eigene Darstellung)

	Positive Auswirkungen	*Negative Auswirkungen*
Kurzfristig	Mehrarbeit in Form von Überstunden der vorhandenen Mitarbeiter ist aus Sicht der betroffenen Mitarbeiter positiv, wenn sie gern erbracht wird, z. B. wenn sie bezahlt wird und der Mitarbeiter ein materielles Interesse hat.	Mehrarbeit der vorhandenen Mitarbeiter wirkt aus Sicht der betroffenen Mitarbeiter negativ, wenn sie ungern erbracht wird, z. B. wenn zu wenig Zeit für Hobbys oder Familie bleibt.
	Steigende Einsatzmöglichkeiten für Zeitarbeitnehmer, befristet beschäftigte oder freie Mitarbeiter	Evtl. Überlastung der Mitarbeiter z. B. durch steigenden Arbeitsdruck oder bei zu wenig Zeit zur Erholung
		Evtl. geringere Produktivität
Mittelfristig	Qualifikationsmaßnahmen für die vorhandenen Mitarbeiter wirken sich positiv auf die individuellen Beschäftigungschancen aus.	Work-Life-Balance wird beeinträchtigt, Krankheitsrisiko steigt durch Überlastung
	Bessere Arbeitsmarktchancen für Frauen, ältere Mitarbeiter, Migranten, Arbeitslose	Durch das Verschieben/Streichen von Investitionen stehen weniger potenzielle Arbeitsplätze für den Einzelnen zur Verfügung.
	Bessere Aufstiegschancen im Beruf	Spätere Verrentung von älteren Mitarbeitern (je nach individueller Lebensplanung)
	Lohnerhöhungen	
	Spätere Verrentung von älteren Mitarbeitern (je nach individueller Lebensplanung)	
Langfristig	Erhöhung der Flexibilität der Belegschaft	Evtl. geringeres Unternehmenswachstum könnte den Arbeitsplatz gefährden
		Die Verlagerung von Arbeit in andere Regionen könnte den Arbeitsplatz am bisherigen Ort gefährden
		Beschäftigungsfähigkeit der Mitarbeiter wird durch Überlastung reduziert

5.3 Gesellschaftliche Auswirkungen

In der Presse wie in der Fachöffentlichkeit wird diskutiert, ob eine große Zahl offener Stellen das wirtschaftliche Wachstum und die Beschäftigungsentwicklung insgesamt bremst. Interessant ist dabei vor allem die Frage, ob offene Stellen schnell und anforderungsgerecht besetzt werden können und ob eine weitere Zunahme der Beschäftigung zu erhoffen ist. Beschäftigungswachstum im Inland führt möglicherweise zur Vollbeschäftigung und sorgt für steigenden Wohlstand. Das volkswirtschaftliche Ziel der Vollbeschäftigung als Gleichgewicht von Arbeitskräfteangebot und - nachfrage ist daher auf dem Kontinuum

Arbeitslosigkeit - Vollbeschäftigung - Personalknappheit

als grundsätzlich erstrebenswert anzusehen.

Bleibt eine vakante Stelle unbesetzt, entsteht dem Unternehmen und dadurch auch der Volkswirtschaft ein Wertschöpfungsverlust. Ein möglicher Verlust von Aufträgen, Verzögerungen im Bereich von Entwicklung und Produktion bis hin zur Verlagerung der von Personalengpässen betroffenen Unternehmensteile ins Ausland wirken auch auf die Gesellschaft negativ. Der Zusammenhang zwischen Personalengpässen und der Verlagerung von Arbeitsplätzen ins Ausland ist allerdings nicht eindeutig.

Es ist davon auszugehen, dass sich ein Ingenieur- und Fachkräftemangel in Deutschland indirekt auf die Wertschöpfung in anderen Wirtschaftsbereichen auswirkt. Mit der erstmaligen Besetzung einer Stelle im Bereich hochqualifizierter Arbeitskräfte ist die Schaffung weiterer Arbeitsplätze anderer Qualifikationsgruppen im Unternehmen selbst oder auch in solchen Unternehmen verbunden, die in der Wertschöpfungskette vor- oder nachgelagert sind. Beispielsweise werden für die Durchführung eines technischen Dienstleistungs- oder Produktionsauftrags neben Ingenieuren und Technikern meist zusätzlich Facharbeiter wie Elektriker, Schweißer und Schlosser benötigt. Verliert z. B. ein Ingenieurbüro in Folge des Ingenieurmangels einen Auftrag zum Aufbau einer Produktionsanlage, kommen Folgeaufträge in komplementären Branchen wie der Logistik nicht zustande. Entsprechend unterbleiben dann Stellenbesetzungen in diesen Qualifikationsgruppen. Für das Jahr 2006 errechnete das Institut der deutschen Wirtschaft als eine Auswirkung Ingenieurmangels einen Wertschöpfungsverlust in Höhe von mindestens 3,48 Mrd. €. Für 2010 seien der deutschen Wirtschaft durch das Fehlen von 36.000 Ingenieuren 3,3 Milliarden Euro verloren gegangen (IW 2007, S. 23 f.; Gillmann 2011, S. 17).

Ein weiterer gesellschaftspolitischer Aspekt betrifft die sogenannte Green-Card-Debatte. Als „Sofortprogramm“ zur Deckung des IT-Fachkräftebedarfs erließ die Bundesregierung für August 2000 spezielle Verordnungen zur Aufenthaltserlaubnis und Arbeitsgenehmigung für hoch qualifizierte ausländische Fachkräfte. Nachdem bis Ende 2002 an die 10.000 ausländische IT-Spezialisten u. a. aus Indien und Osteuropa angeworben wurden, waren aufgrund der Krise in der IT-Branche bereits Ende 2001 Green-Card-Inhaber von Arbeitslosigkeit betroffen. Es zeigte sich, dass eine Entscheidung für gezielte Immigration zum Ausgleich von Facharbeitermangel enorme praktische Probleme mit sich bringen kann. Häufig kommt es bei der berufsspezifischen Immigration zu erheblichen Verzögerungen, bis die Mitarbeiter tatsächlich einsetzbar sind. Diese Verzögerungen sind mit Anpassungen durch das inländische Bildungssystem vergleichbar. Für das Unternehmen erweisen sich neben den Gehaltskosten auch Kommunikationsprobleme, erschwerte Zusammenarbeit, Informationskosten, Unsicherheit bezüglich der Qualifikation oder aber auch Schwierigkeiten beim Erhalt der Arbeitserlaubnis als nachteilig (Winkelmann et al. 2001, S. 15 ff.). Der im Sommer 2012 eingeführte neue Aufenthaltstitel „Blue Card EU“ für Zuwanderungswillige mit Hochschulabschluss und einem Bruttojahresgehalt von mindestens 44.800 € bzw. knapp 35.000 € in Mangelberufen wurde bisher nicht im allgemein erwünschten Maß genutzt.

Anstelle der Immigration wird auch aus diesen Gründen die vermehrte Beschäftigung von Frauen und älteren Mitarbeitern gefordert. Die Gesellschaft wird von finanziellen Aufwendungen entlastet, wenn die Unternehmen aufgrund von Personalknappheit ältere Mitarbeiter länger beschäftigen. Historisch betrachtet wurde immer wieder versucht, Arbeitsmarktungleichgewichte auch durch Nutzung der sogenannten Arbeitsmarktreserven wie Frauen und Migranten zu verringern. Eine Erhöhung der Frauenerwerbstätigkeit hat z. B. Auswirkungen auf das Familieneinkommen und den Bedarf an Kinderbetreuungsmöglichkeiten. Es zeigt sich, dass die Personalpolitik der Unternehmen gesellschaftspolitisch von Bedeutung, weil sie die Lebenschancen arbeitender Menschen beeinflusst.

Ein weiterer breit diskutierter bildungspolitischer Aspekt ist die Förderung der sogannten MINT-Fächer Mathematik, Informatik, Naturwissenschaften und Technik. In der ifo-Managerbefragung „Innovation“ 2005 schätzten 41,3 % der Befragten das gesellschaftliche Klima in Deutschland als eher technikfeindlich ein. Es wird davon ausgegangen, dass Deutschland insgesamt technikfreundlicher werden müsse, um Personalknappheit im MINT-Bereich zu verringern bzw. zu verhindern. Zusätzlich zu geschätzten 1000 MINT-Projekten zur Förderung des technischen Interesses wird die breite Einführung von Technikunterricht gefordert. Ziel verschiedener Initiativen ist es, Quantität und Qualität der Nachwuchskräfte für Mathematik, Informatik, Naturwissenschaften und Technik zu erhöhen. U. a. werden Schüler ab Klasse 8 und deren Lehrkräfte gezielt angesprochen, um die Zahl der

Tab. 5.3 Neben- und Rückwirkungen von Personalknappheit auf die Gesellschaft (eigene Darstellung)

	Positive Auswirkungen	*Negative Auswirkungen*
Kurzfristig	Steigende Steuer- und Sozialversicherungseinnahmen durch eine höhere Beschäftigungsquote	Sinkende Steuer- und Sozialversicherungseinnahmen durch Kapazitätsengpässe der Unternehmen
Mittelfristig	Qualifizierung der Beschäftigten	Psychosoziale Folgen durch Überlastung der Arbeitnehmer
	Sinkende Arbeitslosenzahlen	Wertschöpfungsverlust durch geringeres Unternehmenswachstum
	Steigende Beschäftigungschancen für Randgruppen (z. B. Geringqualifizierte, Migranten, Behinderte, Alleinerziehende, ältere Arbeitnehmer)	Weniger Zeit für ehrenamtliches Engagement
	Steigende Kaufkraft durch höhere Löhne	Privates Outsourcing von Betreuungsleistungen führt evtl. zu geringerer Betreuungsqualität für Kinder und Senioren
	Bessere Vereinbarkeit von Arbeit und Familie	
	Zuwanderung statt Auswanderung	
	Professionalisierung der Recruiting-Branche	
	Wachstumschancen für die Weiterbildungsbranche	
	Erhöhung der Frauenerwerbsquote, dadurch mehr Fremdbetreuung von Kindern, Senioren, Haushalt (privates Outsourcing) mit evtl. höherer Betreuungsqualität	
	Spätere Verrentung von älteren Mitarbeitern	
	Steigender Wohlstand	
Langfristig	Erhöhung der beruflichen Flexibilität der Arbeitskräfte	Verlagerung von Arbeit in andere Regionen, z. B. ins Ausland

MINT-Studienanfänger und die der Ausbildungsbewerber zu erhöhen. Studierende der MINT-Fächer werden gefördert, um die hohe Studienabbrecherquote zu senken und die Qualität der MINT-Absolventen zu sichern (Gillmann 2011, S. 17).

Die Tabelle oben zeigt mögliche kurz-, mittel-, und langfristige Effekte der Personalknappheit auf die Gesellschaft (Tab. 5.3).

Zusammenfassung und Ausblick 6

In diesem Beitrag wurde zunächst die Knappheit von Ressourcen als zentrales ökonomisches Phänomen vorgestellt. Die Bewältigung von Personalknappheit ist demnach keine neue unternehmerische Herausforderung, sondern ein bestehendes betriebswirtschaftliches Grundproblem, das seinen Ursprung in der Verwendungskonkurrenz um den knappen volkswirtschaftlichen Produktionsfaktor Arbeit hat. Relative Personalknappheit äußert sich für ein Unternehmen darin, dass bestimmte Stellen nicht direkt besetzt werden können oder für bestimmte Qualifikationen ungewöhnlich hohe Arbeitsentgelte gezahlt werden müssen. Absolute Personalknappheit wurde subjektiv aus Unternehmenssicht so definiert, dass eine Humanressource zum gewünschten Zeitpunkt an einem bestimmten Ort in der erforderlichen Qualität gar nicht verfügbar ist und auch auf längere Sicht nicht beschaffbar sein wird, so dass das Unternehmen die Personalsuche abbrechen muss.

Als nächstes wurden die Dimensionen qualitativ, quantitativ, zeitlich und räumlich für die Bescheibung von Knappheitssituationen eingeführt und die Bedingungen der Personalknappheit systematisiert. Es zeigte sich, dass Personalknappheit aus Unternehmenssicht von einer Vielzahl externer und interner Bedingungen, z. B. der Situation auf Teilarbeitsmärkten oder der Personalstruktur im Unternehmen, kontextuellen Bedingungen wie dem Bildungssystem und kurzfristigen situativen Gegebenheiten beeinflusst wird. Auch Gesetze und Betriebsvereinbarungen, die demografische Entwicklung und die Entwicklung der Zu- und Abwanderungen spielen eine wichtige Rolle. Außerdem wirken sich spezielle Bedingungen wie Arbeitszeitregelungen und Entgeltvereinbarungen auf die von einem Unternehmen wahrgenommene Personalknappheit aus. Personalwirtschaftliche Entscheidungen können viele, aber nicht alle dieser Bedingungen beeinflussen. Es wurde deutlich, dass Personalknappheit ein komplexes Problem darstellt, das sich für jedes einzelne Unternehmen unterschiedlich gestaltet.

Die anschließend vorgestellten Arbeitsmarktdaten stellen externe faktische und generelle Bedingungen für das Personalmanagement dar. Empirische Daten

S. Elias-Linde, *Personalknappheit als betriebswirtschaftliches Problem*, essentials,
DOI 10.1007/978-3-658-04090-1_6, © Springer Fachmedien Wiesbaden 2014

zur Personalknappheit liegen dabei nur in stark aggregierter Form als allgemeine Bestandsdaten zum Arbeitsangebot (z. B. Anzahl der Hochschulabsolventen in Deutschland) oder zur Arbeitsnachfrage (offene Stellen der Unternehmen) sowie als generelle Prognosen vor. So wenig wie Unternehmen ihren Personalbedarf langfristig exakt planen können, so ungenau sind aber auch die Prognosen. Der Bedarf an Schul- und Hochschulabsolventen, Ingenieuren und IT-Fachkräften lässt sich dementsprechend nicht zuverlässig vorhersagen.

Die Beschreibung der faktischen Knappheitssituation, gesamtwirtschaftlich und für ausgewählte Teilarbeitsmärkte, zeigt, dass wegen der noch recht hohen Arbeitslosenquote Arbeitskräfte in Deutschland quantitativ betrachtet heute weder relativ noch absolut knapp sind. Betrachtet man aber einzelne Arbeitsmarktsegmente wie z. B. Ausbildungsplatzbewerber, sind qualitative Defizite in Regionen mit einem großen Angebot an Ausbildungsstellen und eher niedrigen Bewerberzahlen für Unternehmen bereits aktuell. Das Problem der Personalknappheit ist auch ein Allokationsproblem, da Humanressourcen eben nicht unbegrenzt mobil und transferierbar sind.

In einigen Jahren ist zusätzlich mit einer quantitativen Personalknappheit von Ausbildungsplatzbewerbern zu rechnen. Auch für den Teilarbeitsmarkt der Hochschulabsolvenen wurde erkennbar, dass man derzeit nicht generell von einer bestehenden oder drohenden quantitativen oder qualitativen Akademikerknappheit, sondern lediglich von Engpässen in einzelnen Berufsgruppen sprechen kann. Vor allem Absolventen ingenieurwissenschaftlicher Studiengänge werden den Unternehmen voraussichtlich ab 2015 fehlen, da die jungen Ingenieure zwar den demografiebedingten Ersatzbedarf, nicht jedoch strukturwandel- und konjunkturbedingten Zusatzbedarf decken können. Ob Fachkräfte im IT-Bereich knapp sind oder werden, ist fraglich. Die dazu veröffentlichen Zahlen sind als nicht sehr zuverlässig einzuschätzen. Da das Studienfach Informatik in den letzten zehn Jahren zweistellige jährliche Zuwachsraten verzeichnet, wird das Fachkräfteangebot weiter steigen. Vor dem Hintergrund hoher Zuwachsraten bei den Studierenden und Absolventen aller MINT-Fächer, die vermutlich aufgrund der Erwartung verbesserter Arbeitsmarktchancen zustande kommen, muss es bei Ingenieuren und IT-Fachkräften nicht zu genereller Knappheit kommen. Wie auf den anderen Teilarbeitsmärkten auch ist vor allem die Nachfrage durch die Unternehmen entscheidend dafür, ob es zu relativer Personalknappheit kommen wird. Durch eine stärkere Integration weiblicher, älterer und ausländischer Ingenieure, durch Umschulung und Personalentwicklung kann eine berufsgruppenspezifische Knappheit möglicherweise verringert werden.

In der Diskussion um Personalknappheit wird offenbar davon ausgegangen, dass der Grad der Substituierbarkeit der Erwerbspersonen zwischen verschiedenen Berufssparten in Deutschland relativ gering ist. In Zeiten immer schnelleren technischen Wandels wird es aber zunehmend schwieriger, den erlernten Beruf über das gesamte Erwerbsleben zu bewahren. Im Gegenteil werden Flexibilität und die Bereitschaft zum Berufswechsel immer bedeutsamer (Winkelmann et al. 2001, S. 14).

Insgesamt lässt sich sagen, dass Arbeitskräfte in Deutschland in den nächsten Jahrzehnten allgemein gesehen sehr wahrscheinlich nicht knapp werden. Engpässe betreffen aber einzelne Unternehmen in zeitlicher, räumlicher, qualitativer und/oder quantitativer Dimension, d. h. sie verzeichnen Personalengpässe in bestimmten Regionen für bestimmte Qualifikationen, wenn die Nachfrage das Angebot am Arbeitsmarkt deutlich übersteigt. Aufgrund der demografischen Entwicklung wird es zu einer Knappheit an jungen begabten und qualifizierten Arbeitskräften kommen, denen spezifische Eigenschaften wie Entwicklungsfähigkeit und lange Nutzungsdauer oder bestimmte Einstellungen und Werthaltungen zugeschrieben werden. Diese spezifischen Eigenschaften werden in den offiziellen Arbeitsmarktstatistiken nicht erhoben.

Es wurde deutlich, dass sich Personalknappheit auf den Ebenen Unternehmen, Individuum und Gesellschaft unterschiedlich auswirkt. Während für Individuen und für die Gesellschaft neben einigen negativen Folgen vor allem positive Effekte zu verzeichnen sind, überwiegen für Unternehmen die negativen Auswirkungen. Die Unternehmen erleben die Auswirkungen von Personalengpässen vor allem als Beeinträchtigungen der Effizienz. Die Kosten für die Personalsuche und auch die Gehälter bestimmter Berufsgruppen steigen. Zudem steigen die Kosten für die Personalentwicklung im Unternehmen und für Maßnahmen zur Mitarbeiterbindung. Steigende psychische und physische Belastungen, denen die Mitarbeiter auch infolge von Personalknappheit ausgesetzt sind, belasten individuell, wirken aber auch negativ auf das Unternehmen zurück. Für den Einzelnen positiv wirken sich verbesserte Möglichkeiten am Arbeitsmarkt aus. Es können sich u. a. verbesserte Aufstiegschancen, Lohnerhöhungen und Qualifikationsmaßnahmen ergeben, die sich zusätzlich positiv auf die individuellen Beschäftigungschancen auswirken. Für das Unternehmen bedeutet dies zugleich die erschwerte Bindung von Mitarbeitern an das Unternehmen.

Auch gesellschaftlich betrachtet scheinen die positiven Auswirkungen von Personalknappheit zu überwiegen. Eine höhere Beschäftigungsquote führt u. a. zu steigenden Beschäftigungschancen für Randgruppen, höheren Steuer- und Sozialversicherungseinnahmen durch eine sinkende Arbeitslosenquote und zu einem insgesamt steigenden Qualifikationsniveau.

Vermutlich wird in der Darstellung des Fachkräftemangels im Interesse der Unternehmen übertrieben. Bei der Fachkräftemangel-Diskussion geht man offenbar implizit davon aus, dass eine Anpassung über die Arbeitsentgelte nicht machbar oder zumindest unerwünscht ist. Da die Ausbildungsvergütungen und Ingenieurgehälter nominal in den letzten Jahren kaum gestiegen sind, bezeichnen einige Experten den Fachkräftemangel als modernes Märchen. Wenn es in einzelnen Regionen oder Branchen Personalknappheit gibt, müssten Unternehmen darauf kreativ reagieren. Am meisten klagen oft die Unternehmen, die sich bisher am wenigsten um die Ressource Personal gekümmert haben.

Sollte der Personalbedarf in Deutschland bei weiterer Verknappung des Arbeitskräfteangebots qualitativ und quantitativ weiter steigen, wird Personalknappheit für eine zunehmende Zahl von Unternehmen zu einer relevanten und dringenden Problemstellung. Dies gilt umso mehr, je geringer die Bereitschaft der Unternehmen ist, ältere Arbeitnehmer, Migranten, Teilzeitkräfte und andere sog. Randgruppen zu beschäftigen. Das Problem der Personalknappheit fordert Unternehmen heraus, den Umgang mit Humanressourcen effizient und zugleich nachhaltig zu gestalten.

Literatur

AmCham Germany, The Boston Consulting Group, Hrsg. 2007. *Perspektiven zum Wirtschaftsstandort Deutschland. Ergebnisse des IV. AmCham Business Barometer*. München, Frankfurt a.M. http://www.amcham.de/fileadmin/user_upload/Presse/AmChamIV_BusinessBarometer.pdf.

Baumert, Jürgen, und Michael Neubrand. 2001. PISA 2000. *Basiskompetenzen von Schülerinnen und Schülern im internationalen Vergleich*. Rev. Nachdr. der Erstausg. Opladen: Leske + Budrich.

Bernasconi, E. 1969. *Der Personalmangel als Zentralproblem unserer Wirtschaft*. Basel: Basler Volkswirtschaftsbund.

Berthold, Norbert, Michael Neumann, und Jupp Zenzen. 2007. Die Zukunft der Arbeit – Verdopplung, Entkoppelung, regionale Divergenz? In *Arbeitsmarkt und Beschäftigung*, Hrsg. Renate Ohr und Norbert Berthold, 9–34. Berlin: Duncker & Humblot (Schriften des Vereins für Socialpolitik, N.F., 318).

BIBB: Datenreport zum Berufsbildungsbericht. 2009. Informationen und Analysen zur Entwicklung der beruflichen Bildung. Bonn.

BIBB: Datenreport zum Berufsbildungsbericht. 2013. Bonn. http://datenreport.bibb.de/media2013/BIBB_Datenreport_2013.pdf.

Bingel, Christiane. 2010. *Der Fachkräftemangel als Folge des demographischen Wandels. Eine kritische Analyse*. Diplomarbeit. Norderstedt: GRIN Verlag.

BITKOM, Hrsg. 2008. BITKOM: Deutscher IT-Arbeitsmarkt derzeit stabil, Zurückhaltung für 2009. http://arbytesblog.de/2008/10/bitkom-deutscher-it-arbeitsmarkt-derzeit-stabil-zurueckhaltung-fuer-2009/.

BITKOM: Hightech-Firmen stellen ein. 2011. Pressemitteilung vom 08.08.2011. Berlin. http://www.bitkom.org/files/documents/BITKOM_ITK_Beschaeftigte_08_08_2011.pdf.

BMBF Bundesministerium für Bildung und Forschung, Hrsg. 2010. *Die wirtschaftliche und soziale Lage der Studierenden in der Bundesrepublik Deutschland 2009*. 19. Sozialerhebung des Deutschen Studentenwerks. durchgeführt durch HIS Hochschul-Informations-System. Bonn. http://www.sozialerhebung.de/pdfs/Soz19_Haupt_Internet_barrierefrei.pdf.

Bundesagentur für Arbeit, Hrsg. 2010. http://www.arbeitsagentur.de/nn_27836/Navigation/zentral/Veroeffentlichungen/Veroeffentlichungen-Nav.html.

Bundesministerium für Arbeit und Soziales: Sozialpolitische Informationen. 11/2007.

Dietz, Martin. 2011. Sind Fachkräfte wirklich knapp? Ergebnisse aus der IAB-Erhebung des Gesamtwirtschaftlichen Stellenangebots (EGS). Institut für Arbeitsmarkt- und Berufsfor-

S. Elias-Linde, *Personalknappheit als betriebswirtschaftliches Problem*, essentials,
DOI 10.1007/978-3-658-04090-1, © Springer Fachmedien Wiesbaden 2014

schung. http://www.arbeitsagentur.de/Dienststellen/RD-NSB/RD-NSB/A01-Allgemein-Info/Organisation/Allgemein/pdf-allgemein/Startseite-RD-PI-11-11-02-Dr-Dietz.pdf.

Dostal, W. 2004. Berufs- und Branchenstrukturen im IT-Bereich. In *Qualifizierungserfordernisse durch die Informatisierung der Arbeitswelt,* Hrsg. H.-J. Bullinger, P. Bott, und H.-J Schade, 27–49. Bielefeld: Bertelsmann.

Drumm, Hans Jürgen. 2008. Personalwirtschaft, 6. Aufl. Berlin: Springer.

Ehrenthal, Bettina, Verena Eberhard, und Joachim Gerd Ulrich. 2005. *Ausbildungsreife – auch unter den Fachleuten ein heißes Eisen. Ergebnisse des BIBB-Expertenmonitors.* Bonn. http://www.bibb.de/de/21840.htm.

Fahrenbach, Christian. 2008. Mach dein Ding. In *brand eins,* Hrsg. H. 05, 123.

Gandenberger, Carsten. 2008. *Nachhaltiges Ressourcenmanagement. Konzeptionelle Weiterentwicklung und Realisierungsansätze in der Bekleidungsbranche.* Münster: Lit.

Gantenbrink, Nora. 2011. Feste Größen. In *Die Zeit,* Hrsg. Ausgabe Nr. 14, 31.03.2011, 72.

Gillmann, Barbara. 2011. Die Wirtschaft drängt auf Technikunterricht an den Schulen. *Handelsblatt* (071):17, 11.04.2011.

Gillmann, Barbara. 2012. Ingenieurmangel erreicht Rekordhoch. *Handelsblatt* (008): 13, 11.01.2012.

Hentze, Joachim, und Andreas Kammel. 2001. *Personalwirtschaftslehre 1. Grundlagen, Personalbedarfsermittlung, -beschaffung, -entwicklung und -einsatz,* 7. Aufl. Bern: Haupt (UTB, 649).

HWWI Hamburgisches WeltWirtschaftsInstitut, Hrsg. 2011. Update. Hamburg. http://www.hwwi.org/uploads/tx_wilpubdb/HWWI_Update_06.11.pdf.

Institut der deutschen Wirtschaft, Hrsg. 2007. Ingenieurmangel in Deutschland – Ausmaß und gesamtwirtschaftliche Konsequenzen. http://www.vdi.de/fileadmin/vdi_de/redakteur/dps_bilder/D-PS/2008/2007-04-16-VDI-Studie_Ingenieurmangel_Layout_VDI_und_IW.pdf.

Institut der deutschen Wirtschaft, Hrsg. 17.04.2008. *Ingenieurlücke in Deutschland – Ausmaß, Wertschöpfungsverluste und Strategien.* Köln.

Kossbiel, Hugo. 2002. Personalwirtschaft. In *Allgemeine Betriebswirtschaftslehre. Leistungsprozess,* Hrsg. Franz Xaver Bea, Erwin Dichtl, und Marcell Schweitzer, 8. Aufl., 467–553. Stuttgart: Lucius & Lucius (Grundwissen der Ökonomik Betriebswirtschaftslehre, 3).

Kropp, Waldemar. 1997. *Systemische Personalwirtschaft. Wege zu vernetzt-kooperativen Problemlösungen.* München: Oldenbourg.

Martin, Albert, und Werner Nienhüser. 1998. Die Erklärung der Personalpolitik von Organisationen. In *Personalpolitik. Wissenschaftliche Erklärung der Personalpraxis,* Hrsg. Martin, Albert und Werner Nienhüser, 9–27. München u. a.: Mering; Hampp.

Müller-Christ, Georg. 2001. *Nachhaltiges Ressourcenmanagement. Eine wirtschaftsökologische Fundierung.* Marburg: Metropolis-Verlag (Theorie der Unternehmung, Bd. 10).

Müller-Christ, Georg. 2002. *Ressourcenrationalität in der Managementlehre. Nachhaltigkeit als notwendige Erweiterung der Perspektive.* Bremen: Univ. (Diskussionsbeiträge zum nachhaltigen Management, 1).

Müller-Christ, Georg. 2003a. Nachhaltigkeit und Effizienz – Theoretische Überlegungen für einen dualen Erfolgsbegriff eines Managements von Umweltbeziehungen. In *Theoretische Grundlagen und Ansätze einer nachhaltigen Umweltwirtschaft,* Hrsg. Hans-Ulrich Zabel, 57–77. Halle (Saale) (UZU-Schriftenreihe, N. F., 6).

Müller-Kohlenberg, Lothar, Karen Schober, und Reinhard Hilke. 2005. Ausbildungsreife – Numerus clausus für Azubis? Ein Diskussionsbeitrag zur Klärung von Begriffen und

Sachverhalten. In Berufsbildung in Wissenschaft und Praxis, Jg. 34, H. 3, S. 19–23. www.bibb.de/dokumente/pdf/a21__BWP-2005-H319–ff.pdf.

Niederalt, Michael. 2004. Zur ökonomischen Analyse betrieblicher Lehrstellenangebote in der Bundesrepublik Deutschland. Univ., Diss. Erlangen-Nürnberg. 1. Aufl. Frankfurt am Main u. a.: Lang (Europäische Hochschulschriften Reihe 5, Volks- und Betriebswirtschaft, 3082).

Oechsler, Walter. 2004. Gesellschaftliche Rahmenbedingungen des Beschäftigungsmanagement. In *Betriebswirtschaftslehre und gesellschaftliche Verantwortung. Mit Corporate Social Responsibility zu mehr Engagement,* Hrsg. Ursula Schneider, 85–103. Wiesbaden: Gabler.

Oechsler, Walter. 2006. Personal und Arbeit. Grundlagen des Human Resource Management und der Arbeitgeber-Arbeitnehmer-Beziehungen. 8., grundlegend überarb. Aufl. München: Oldenbourg (Oldenbourgs Lehr- und Handbücher der Wirtschafts- und Sozialwissenschaften).

Paffenholz, Hans-Joachim. 2006. Beilage zur Vorlesung Grundlagen der Volkswirtschaftslehre. http://www.uni-duisburg.de/FB5/VWL/MIKRO/material/ EVWL_Lek_E01.pdf.

Pennekamp, Johannes. 2010. Die Kraft der Alten. In *Handelsblatt,* Ausgabe Nr. (174): 18, 09.09.2010.

Pietsch, Detlef. 1993. Die Rekrutierung international orientierter Führungsnachwuchskräfte aus Sicht deutscher Unternehmen. Dissertation.

Rehn, Torsten, Gesche Brandt, Gregor Fabian, und Kolja Briedis. 2011. Hochschulabschlüsse im Umbruch. Studium und Übergang von Absolventinnen und Absolventen reformierter und traditioneller Studiengänge des Jahrgangs 2009. Herausgegeben von HIS Hochschul-Informations-System. Hannover. (17). http://www.his.de/pdf/pub_fh/fh-201117.pdf.

Rudzio, Kolja. 2010. Fachkräfte bald im Überfluss? In *Die Zeit,* Ausgabe Nr. (48): 27, 25.11.2010.

Rudzio, Kolja. 2011. „Wieso findest du nichts?". In *Die Zeit,* Ausgabe Nr. (40): 26, 29.09.2011.

Rump, Jutta, Silke Eilers, Sibylle Groh, und Frank Schabel. 2011. HR Report 2011 Schwerpunkt Mitarbeitergewinnung. Eine empirische Studie des Instituts für Beschäftigung und Employability IBE im Auftrag der Hays AG. Herausgegeben von IBE. Mainz.

Schmidt, Kristin. 2011. Vorsicht, Leerstelle. In: WirtschaftsWoche, Jg. 2011, Ausgabe Nr. (30): 36, 25.07.2011.

Sekretariat der Ständigen Konferenz der Kultusminister der Länder in der Bundesrepublik Deutschland (KMK), Hrsg. Oktober 2005. Prognose der Studienanfänger, Studierenden und Hochschulabsolventen bis 2020. (Statistische Veröffentlichungen der Kultusministerkonferenz, 176). http://www.kmk.org/statist/home1.htm.

Sekretariat der Ständigen Konferenz der Kultusminister der Länder in der Bundesrepublik Deutschland (KMK), Hrsg. 2007. Vorausberechnung der Schüler- und Absolventenzahlen 2005 bis 2020. (Statistische Veröffentlichungen der Kultusministerkonferenz, 182). http://www.kmk.org/statist/schulprognosetext.pdf.

Sekretariat der Ständigen Konferenz der Kultusminister der Länder in der Bundesrepublik Deutschland (KMK), Hrsg. 2007. Schüler, Klassen, Lehrer und Absolventen der Schulen 1997 bis 2006. (Statistische Veröffentlichungen der Kultusministerkonferenz, 184). http://www.kmk.org/statist/Dok184.pdf.

Sekretariat der Ständigen Konferenz der Kultusminister der Länder in der Bundesrepublik Deutschland (KMK), Hrsg. 2011. Berlin. (Statistische Veröffentlichungen der Kultusministerkonferenz (192). http://www.kmk.org/fileadmin/pdf/Statistik/ Dokumentation_Nr._192.pdf.

Statistik der Bundesagentur für Arbeit, Engpassanalyse Januar. 2012.

Statistisches Bundesamt, Hrsg. 2012, 2013. www.destatis.de.

Statistisches Bundesamt. 2008. 13% mehr Hochschulabsolventen in Informatik. Nr. 072. Pressemitteilung vom 25.02.2008. Wiesbaden. http://www.destatis.de/jetspeed/portal/cms/Sites/destatis/Internet/DE/Presse/pm/2008/02/PD08_072_213,templateId=renderPrint.psml.

Stingl, Josef. 1983. Arbeitsmarktentwicklung und betriebliche Personalplanung. In *Gegenwartsprobleme der betrieblichen Personalplanung,* Hrsg. Hans Jürgen Drumm, 55–68. Mannheim: Bibliogr. Inst (Gesellschaft, Recht, Wirtschaft, 11).

Ulrich, Joachim Gerd, Simone Flemming, und Elisabeth M. Krekel. 23.10.2006. Zwiespältige Vermittlungsbilanz der Bundesagentur für Arbeit – Einerseits mehr Ausbildungsanfänger, andererseits mehr erfolglose Lehrstellenbewerber als im Vorjahr. Bonn. http://www.bibb.de/de/27399.htm.

Vbw, Hrsg. 2011. Arbeitslandschaft 2030. Eine Studie der Prognos AG im Auftrag der vbw – Vereinigung der Bayerischen Wirtschaft e. V. http://www.mintzukunftschaffen.de/uploads/media/Arbeitslandschaft_final.pdf.

Vock, Rainer, Boreslav Balschun, und Yvonne Salman. 2007. Betriebliche Beschäftigung von IT-Fachkräften. Tätigkeiten, Rekrutierung, Personalentwicklung und Weiterbildung. Herausgegeben von BIBB. (Wissenschaftliche Diskussionspapiere).

Walwei, Ulrich, Johann Fuchs, Peter Schnur, und Gerd Zika. 2006. Der deutsche Arbeitsmarkt: Gestern, Heute, Morgen. (Bundesarbeitsblatt, 01).

Weber, Wolfgang. 1989. Betriebliche Personalarbeit als strategischer Erfolgsfaktor der Unternehmung. In *Strategisches Personalmanagement,* Hrsg. Wolfgang Weber und Joachim Weinmann, 3–15. Stuttgart: Poeschel.

Wiarda, Jan-Martin. 2010. Die Macht der Studie. In *Die Zeit,* Jg. 2010, Ausgabe Nr. (50): 73, 09.12.2010.

Winkelmann, R., A. Kunze, L. Locher, und M. Ward. Mai 2001. Die Nachfrage nach internationalen hochqualifizierten Beschäftigten. Ergebnisse des IZA International Employer Surveys 2000, 15. Bonn. (IZA Research Report, 4). http://www.iza.org/en/webcontent/publications/reports/report_pdfs/iza_report_04.pdf.